历史的丰碑丛书

文学艺术家卷

"镀金时代"的批判者 马克·吐温

何茂荣 编著

吉林人民出版社

图书在版编目(CIP)数据

"镀金时代"的批判者——马克·吐温 / 何茂荣编
著 . -- 长春：吉林人民出版社，2011.4（2021.8 重印）
（历史的丰碑丛书）

ISBN 978-7-206-07636-7

Ⅰ .①镀… Ⅱ .①何… Ⅲ .①马克·吐温（1835 ~
1910）—生平事迹—青年读物②马克·吐温（1835 ~ 1910）
—生平事迹—少年读物 Ⅳ .① K837.125.6-49

中国版本图书馆 CIP 数据核字 (2011) 第 037478 号

"镀金时代" 的批判者 马克·吐温

"DUJIN SHIDAI" DE PIPANZHE MAKE·TUWEN

编　　著:何茂荣
责任编辑:王　丹　　　　封面设计:孙浩瀚
制　　作:吉林人民出版社图文设计印务中心
吉林人民出版社出版 发行(长春市人民大街7548号　邮政编码:130022)
印　刷:北京一鑫印务有限责任公司
开　本:787mm×1092mm　　1/16
印　张:8　　　　　　　　字　数:72千字
标准书号:ISBN 978-7-206-07636-7
版　次:2011年4月第1版　印　次:2021年8月第2次印刷
定　价:35.00 元

编者的话

"欲知大道，必先为史"。

回溯人类的足迹，人们首先看到的总是那些在其各自背景和时点上标志着社会高度和进步里程的伟大人物。他们是历史的丰碑，是后世之鉴。

黑格尔说："无疑，一个时代的杰出个人是特性，一般说来，就反映了这个时代的总的精神。"普希金说："跟随伟大人物的思想是一门引人入胜的科学。"

以史为鉴，面向未来。作为21世纪的继往开来者，我们觉得，在知史基础上具有宽广的知识结构、开阔的胸襟和敏锐的洞察力应是首要的素质要求，而在历史的大背景中追寻丰碑人物的思想、风范和足迹，应是知史的捷径。

考虑到现代人时间的宝贵，我们期盼以尽量精短的篇幅容纳尽量丰富的信息，展现尽量宏大的历史画卷和历史规律。为此，我们编撰了这套丛书。

编撰丛书的过程，也是纵览历代风云、伴随伟人心路、吸收历史营养的过程。沉心于书页，我们随处感受着各历史时期伟大人物所体现的推动历史进步的人类征服力量。我们随着伟人命运及事业的坎坷与辉煌而悲喜，为他们思想的深邃精湛、行为的大气脱俗而会意感慨、拍案叫绝。

然而，在思想开始远游和精神获得享受的同时，我们也随之感受到历史脚步的沉重和历史过程的曲折。社会每前进一步都是艰难的，都伴随着巨大的痛苦和付出。历史的伟大在于它最终走向进步，最终在血污中诞生了鲜活的"婴孩"。

历史有继承性和局限性，不能凭空创造。伟人也有血肉，他们的思想、行为因此注定了同样具有历史的局限性和阶级的、时代的烙印；他们的功业建立于千千万万广大人民群众伟大创造的基础上。历史是人民群众创造的，伟大的人物们是历史和时代造就的。同时，我们也无法否定此间他们个人的努力。这也正是我们编撰这套丛书的目的。

我们期盼着这套丛书得到社会的认同，对读者，特别是青少年读者之历史感、成就感和使命感的培养有所裨益。史海浩瀚，群星璀璨。我们以对广大青少年读者负责的精神，精心遴选，以助力青少年成长进步，集结出版了《历史的丰碑》系列丛书，敬请读者批评、指正。

历史的丰碑丛书

编 委 会

马克·吐温原名塞缪尔·朗荷恩·克列门斯，1835年10月30日出生于美国佛罗里达州，是著名幽默小说作家和演讲家，做过印刷工人、领航员、记者等。在70多年的人生历程中，曾游历过十几个国家和地区，用他那幽默诙谐、妙趣横生的语言讴歌自由、抨击专制。

马克·吐温一生崇尚民主，重诺守信，热爱自由，尊重人的个性，渴望实现人类心灵的赤诚坦率，终生恪守着一份完美神圣的爱情，守护着一种温馨和谐的亲情，实践着对人生、对生命厚重的关怀。

马克·吐温创作的《汤姆·索亚历险记》《百万英镑》《竞选州长》等许多作品，艺术个性独特，雅俗共赏，经过近一个世纪风霜的洗礼，超越时空、民族、语言的障碍，散发出更加炫目的光辉。他的名字不仅没有被淡忘，反而越来越贴近现代人的生活和心灵，他给予人类精神与情感的滋养将是文明社会一份无价的宝贵财富！

目　录

历史的丰碑丛书

汉尼拔的童年时光

怜悯和同情是一种品质，它基于善良、诞生正义。

——作者题记

19世纪30年代的美国西部，对许多渴望摆脱贫困、发财致富的人来说，是一块可以挖出"金子"的良田沃土。人们络绎不绝地从弗吉尼亚、肯塔基州的穷乡僻壤迁徙至此，一个又一个的处女地被开发成城镇，继而又变成美国联邦的一个个州。土地的开发与扩大、人口的不断增多，在生长出繁荣兴旺的同时，也助长了人们冒险自大的心理。战争开始变得频繁，有人成了将军、领袖，有人断送了性命，而更多的底层人却只有饱尝战争苦难的命运，背上的担子愈加沉重。

当时密苏里州的港口城镇汉尼拔，是一个拥有1500多人的小镇，人们过着封闭自足的生活，最感兴趣的是每星期六在这里观看停靠十分钟的火轮船"大密苏里号"进出港。那为庆祝轮船靠岸而施放的黑色松柴的"礼烟"，上下船行色匆匆的旅客、威严的船长、顺从的船员，以及所有来自远方、来自未知世界的奇珍异物所共同营造的热闹的氛围，每每给小镇注入了节日的气息。

1835年10月30日，日后成为著名幽默作家的马克·吐温出生在远距此地的佛罗里达。他有一个哥哥、一个姐姐和一个弟弟。他的原名叫塞缪尔·朗荷恩·克列门斯，小时候，人们都叫他"赛姆"。4岁时，随全家迁居到这个叫汉尼拔的小镇。父亲约翰·马歇尔·克列门斯出生于弗吉尼亚，曾学过法律，是镇上的治安推事，人们都尊称他为"法官"。约翰幼年丧父，做过邮政局长、律师、杂货铺老板、图书协会会

← 汉尼拔小镇

→汉尼拔小镇球赛

长等。为了寻求更好的生活环境，他带领全家长途跋涉了好几个星期，经过田纳西、肯塔基，最终来到西部密苏里州。他天生是个严肃、正直而拘谨的人，同时又是个铁面无私的执法者。

马克·吐温的母亲洁恩·克列门斯出生于肯塔基州，她性情谦和，精明能干，机智幽默。在邻居和孩子们眼里，她是个快快活活、胸怀开阔的人。她热爱自由、心地善良，在家里从不允许孩子们将小动物关在笼子里，甚至连苍蝇和老鼠都不许受到伤害。在马克·吐温的记忆中，他家最多时收养过19只无家可归的猫。马克·吐温的哥哥奥利安、姐姐帕梅拉、弟弟亨利都继承了母亲性格中谦和温厚的一面。奥利安善良而热情，终生耽于幻想而又一事无成，帕梅拉很早便开始教别人钢琴和吉他，帮助家里维持生活。弟弟亨利则一直是个听话的孩子。

少年马克·吐温个子不高，大大的脑袋有一头卷曲的红发，一双灰绿色的机灵的眼睛。他性情外向、顽皮，对一切事物都充满了好奇。夏天时，他总是光着脚，穿一条打着整齐补丁的斜纹布裤子，与另外3个叫威尔·鲍温、约翰·布里格斯和汤姆·布兰肯希普的小伙伴在一起玩儿一些异想天开的冒险游戏。其中汤姆·布兰肯希普的生活和个性给马克·吐温留下了深刻的印象。在他成年后的作品《哈克贝利·费恩》中，对这个小伙伴有着精彩的描述。汤姆·布兰肯希普出生于一个流浪汉家庭，父亲因贪杯好酒，无力供养孩子上学或上教堂，因而，汤姆从小就过着自由自

← 汉尼拔小镇的泥地排球赛

在、随心所欲的生活。他常到森林或田野、河流里去寻找可以充饥的食物，天黑后找个地方躺下便睡。他衣衫褴褛，整天光着脚，但性情温和，在大自然中凭着自己的聪明才智适应艰苦的生活。在镇上，大人们都叫他"坏孩子"，不允许自己的孩子跟他玩，但孩子们却十分羡慕汤姆的无拘无束，并把能与他做朋友当成一件了不起的事。

马克·吐温尽管顽皮、好逃学，但一到星期天，却必须洗干净脸、穿戴整齐，像一匹上了笼头的小马驹一样，跟着姐姐和弟弟一起到教堂去听牧师布道，心惊胆战地听牧师用最凄惨的语言描绘地狱，用悲伤的祷词祈祷求福。阴森恐怖的教堂，牧师对罪恶的谴责和对惩罚的描绘，使想象力异常丰富的马克·吐温仿佛清晰地看到地狱里烧焦一切的烈焰，甚至能感觉到撒旦的呼吸。星期天成了他最害怕的日子，成了折磨他幼小心灵的时刻。白天听到的一切，往往会引发夜里的恶梦，为此他还得了梦游的毛病。

因此，幼小的马克·吐温非常羡慕汤姆，在这时，渴望自由的思想便深深地在他的心里扎了根。一次，马克·吐温与小伙伴利用逃学的时间把当地一座山顶上孤悬的一块巨石从山崖上推下去，观看巨石隆隆地碾过小树、柴垛，吓得兔子、野鸡等仓皇逃命的情形。

然后钻到河里洗完澡，再悄悄地溜回家去。当然，如果错过了吃饭的时间，他是逃不掉一顿责罚的。

不过，聪明的马克·吐温自有他自己处理问题的方式。一

← 汤姆·索耶的篱笆

次，母亲命令他吃完饭后去刷围墙，这段围墙足有30码长，而且比他的个子还要高。不得已，马克·吐温拿着一把长柄的刷子，提着一桶白灰浆，来到围墙下。望着长长的围墙及围墙之外的美好世界，他心里十分难过，觉得自己就是刷到头发白了的时候也刷不完这么长的围墙。可是，当伙伴们嘲笑他无法出去玩时，马克·吐温却开始卖弄他的天才，他说："一个小孩休想天天有机会刷围墙玩。"同时，故意使自己的一举一动做得细致、耐心，仿佛在做一件很有意义的事情。于是，一个又一个渴望大显身手，超过别人的男孩子用苹果、石弹、刀把儿、玻璃塞子等小玩意换取了劳

动的特权，而马克·吐温却轻松地享受着星期六的假期。若干年后，他在《汤姆·索亚历险记》中，对这个星期六刷墙的情节作了精心的描绘。

然而，对马克·吐温来说，童年的记忆并不总是明朗的，他曾看到十几个黑奴被连锁在一起，垂头丧气地躺在石头砌的街边，无奈地等待被奴隶贩子用船装运卖到外地。黑奴们悲伤凄苦的面孔，使马克·吐温快乐的心头蒙上一层阴影，这幅惨象一直留在他的记忆里。

他曾目睹过好几起凶杀和死亡事件。

一个叫"山姆大叔"的贫苦老农民，常常借酒发泄心中的愁苦，镇上的人也常拿他开心。但有一次他酒后失言，说镇上一个叫威廉·奥斯莱的体面商人曾欺骗过他，于是招来杀身之祸。这位商人自以为是上等人，残忍冷酷，他认为"山姆大叔"辱骂了他，一个星期后，便残忍地开枪杀了这位善良、温厚、爱吹牛的老人。马克·吐温亲眼看到这位老人被抬到药店，看着鲜血从老人的胸前汩汩流出，一本沉重的《圣经》压在老人的胸口，伴着他弥留前艰难的呼吸。随后，愤怒的人们涌向奥斯莱家的门口兴师问罪，要为老人讨回公道，但在奥斯莱的讥笑和嘲弄下，这群一向逆来顺受的平民只好无奈地散去。一年以后奥斯莱才被迫接受审判，但结果却被宣判无罪。

一个秋天的午后，逃学的马克·吐温与伙伴在外面玩到天黑，为了逃避母亲的惩罚，他溜到父亲的办公室准备再睡上一觉，却发现一具还在流血的死尸。后来，他在《傻子国外旅行记》中描写了那个恐怖的夜晚。

←汤姆和哈克正在检查一只猫

一个暴风雨的夜晚，被喧闹声惊醒的马克·吐温从窗户爬了出去，同伙伴约翰一起上了霍立第山，来到一个叫韦尔的寡妇家门外，目睹了寡妇为捍卫自己和女儿的清白开枪杀死前来寻衅的无赖。一个闷热的8月天，一个10岁的男孩克林特在别人的挑逗下，冒险跳进他力所不及的深水里，被滔滔急流卷走。与他一起玩的马克·吐温、约翰和威尔等看到了这个小生命的消失。

在许多鲜血和死亡面前，马克·吐温幼小的心灵

→《汤姆·索亚历险记》

受到了深深的震撼。他甚至开始相信上帝的惩罚。于是，在克林特下葬的那个风雨交加的夜晚，马克·吐温在雷电的狂风怒吼中，在倾盆大雨中，真心实意地忏悔，决心从此悔过自新，过一种无可指责的新生活，不再逃学，不再钓鱼，不说脏话。

然而，3个星期后，又一桩死亡事件降临了。那天，一个德国血统的男孩与别人比赛潜泳时，不幸溺水而死。那是个主日学校校长最宠爱的学生，可以一字不漏地一口气背诵3000节经文，从不知道什么叫罪过。那天夜里又下了一场暴风雨，这令恐惧中的马克·吐温迷惑不解。在主日学校和牧师的布道中，马克·吐温知道只有坏孩子才会遭受上天的惩罚。而这样好的孩子为什么也得不到天堂的欢迎呢？如果是这样，悔过自新又有什么必要呢？然而主日学校、教堂以及父母们对他的教育和灌输与夜晚恐怖的回忆和连续不断的噩梦，时常提醒他要做个好孩子。这使他在很长一段时间里，因睡觉不足和梦游而面色苍白、沉默寡言。害得母亲以为他病得不轻，用尽办法给他治疗。然而他依旧萎靡不振。对于一个想象力异常丰富，感情细腻的孩子来说，他可以在征服苦难和艰苦中强大起来，但却很难摆脱成人世界的左右和影响，幼时的记忆，或许会伴随他一生。

← 玩耍的孩子

童年时代，最快乐的事也许是听詹姆士表哥高谈阔论和到约翰姨夫的农庄做客。

詹姆士·兰顿是个充满热情、富于想象力的梦想家，在他眼里，天下没有办不到的事情，一切困难都是可以克服的。他有着许多宏伟壮丽的计划，在任何场合、任何时候都谈笑风生，兴致勃勃，经常给人描绘出一幅幅光辉灿烂的前景。他的自信、幻想的浪漫，无疑给马克·吐温一家带来了许多欢乐和希望，也给马克·吐温一家留下了许多想象的空间。马克·吐温一生都与这位表哥保持着良好的交往和友谊。

吐温一生都与这位表哥保持着良好的交往和友谊。

约翰·夸里斯姨夫和帕翠姨妈的农场离马克·吐温家有37英里。他们拥有一座黄褐色的宅院，占地2英亩的草场，500英亩的农庄和8个孩子，还有20多棵山核桃和黑胡桃树、十几条狗、20名黑奴。农庄里有自己的苹果园、谷仓、玉米棚、烟草薰制室和马棚，日子过得富足而愉快，家庭气氛十分轻松。约翰姨父性格开朗、笑声不断，姨妈宽厚善良，喜欢孩子。马克·吐温很喜欢到这里来，他熟悉农庄的生活，留恋这里娱乐的自由、温暖的情谊和丰富的食品。在这里，他天性中的自由情愫得到充分的发挥和释放。

马克·吐温少年时每年都在农庄里度过两三个月。他与表兄弟姐妹们一起游泳，到林中去捕捉响尾蛇和蝙蝠，采集榛子和野草莓。在夸里斯农庄，他熟悉啄木鸟凿树的声音；可以凭借雪地上兔子的足迹判断出兔子想干什么，还知道燕子怎样在迷雾中飞翔。这些知识，给他后来的创作奠定了坚实的生活基础。在这里，马克·吐温结识了一些黑人朋友。他们的勤劳、

← 现在的汉尼拔小镇

朴实、善良，启发了马克·吐温最早的平等意识。他同情他们的遭遇，并从他们中得到真诚的关心和爱。"汉娜大婶""丹尼尔大叔"都在他幼小的心灵中留下了深刻的回忆。

认识汉娜大婶时，这位黑奴年纪已经很老了，满头白发，卧床不起，人们传说她已有1000岁了，曾经与《圣经》中的摩西谈过话。她那长年缠绵不去的疾病，就是在出埃及的惩罚性的沙漠旅程中得的，她还因看见法老淹死而吓掉大片的头发。在农庄的日子里，马克·吐温经常和姨父家的孩子来到汉娜大婶的小屋，静静地听她讲过去的故事。汉娜大婶是个了解妖巫的行家，当她感觉到妖巫存在时，就把自己的头发一小绺一小绺地用白线扎起来，趋吉避凶，对付妖巫。她

→马克·吐温的雕像

的表演常常令孩子们感到既恐怖又有趣。

中年的丹尼尔大叔是马克·吐温少年时在农庄里最好的朋友。他

虽然被剥夺了学习知识的自由，不会读书写字，但却拥有一颗有独到见地的健全的头脑，对每个问题都要仔细研究，做出自己的判断。他富有同情心，心地诚实正直，是一位忠实而热情的盟友和聪明智慧的顾问。虽然农庄的主人还算仁慈宽厚，但丹尼尔大叔和所有的黑奴一样，始终生活在恐惧和紧张中，不知道哪一天会被人送掉、卖掉。他经常耐心地解答马克·吐温的各种疑问，马克·吐温曾在夜晚或黎明随丹尼尔去打猎，从他那里学到了许多书本上学不到的知识。有些夜晚，姨父还会批准马克·吐温和表兄弟们到丹尼尔大叔的小屋，听他讲一些充满恐怖色彩的民间故事。有时，丹尼尔大叔会编一些关于一伙被囚禁的人渴望自由的故事，但却从不与人谈"自由"这个问题，因为他清楚地知道自己所处的位置。他的鬼神故事《金

→马克·吐温曾在这里住过

手臂》长久地留在马克·吐温的脑海里。在成年以后，马克·吐温还多次讲到这个故事。丹尼尔大叔还是一位善歌的歌手，他经常和一些黑奴在小屋里唱歌。《去把狮子锁住》《可爱的小马车、慢慢地跑吧》《阳光普照、光荣啊、光荣归于上帝》等，那忧郁的歌声伴着马克·吐温后来的成长之路，一辈子萦绕在他的脑海中。然而，1852年，夸里斯农庄易手时，丹尼尔大叔一起被卖掉了。

马克·吐温一生都十分珍视与黑人的友谊，尊重他们的个性和尊严。他曾利用《哈克贝利·费恩历险记》这部作品给这位善良智慧的丹尼尔大叔恢复了自由。这份迟到的礼物寄托了马克·吐温对丹尼尔大叔及所有黑人的祝福和深情。

相关链接
XIANGGUAN LIANJIE

汉尼拔

　　汉尼拔是美国密苏里州的一个港口城镇，拥有两万人口。宽阔、壮丽的密西西比河，在她奔向墨西哥湾的长途旅程中，总要在这座美丽的小镇旁流连片刻，用敬慕的眼光端详一下，然后恋恋不舍地向南流去。后来这个小镇成为美国著名作家马克·吐温的故乡。

　　在镇南三公里的地方，有一座奇石嶙峋的假日山。有一次郊游时，少年的马克·吐温和另一个小伙伴曾在迷宫般的石灰岩洞里迷失了方向，好不容易才死里逃生。在奴隶制盛行的年代，这些山洞常被用作帮助黑奴逃亡的"地下铁路车站"。如今，新一代的汤姆·莎耶们以及来自世界各地的游客，仍在兴致勃勃地探索"汤姆·莎耶洞"中的奥秘。

　　因为要抵御似火的骄阳，小镇的房屋大多被粉刷得洁白如雪，马克·吐温把汉尼拔称为"一座白色的小镇"。

　　希尔街三一六号也是白色的木板房。这是一

幢两层的小楼，建于1844年，现已修缮一新。大门口插着一块牌子，上面写着："马克·吐温旧居"。

马克·吐温从4岁起便在这里生活。气势磅礴的密西西比河、来往的船只和木筏、黑奴的苦难生活、船夫们的精彩故事，都给他留下了不可磨灭的印象，为他以后的创作提供了丰富的原始材料。

汉尼拔原是一个偏僻的、默默无闻的小镇，生活节拍十分缓慢，马克·吐温生动地说它"在仲夏的晨光中昏睡"。但《历险记》问世以后，它却变成了名驰遐迩的地方，开始变得喧闹起来。如今每年有15万人来这里游览。

在密西西比河畔，有一个秀丽的、面积达200英亩的"河景公园"。公园的高地上，耸立着马克·吐温的雕像。他目光炯炯，俯视着他生前热爱的家乡。远处，密西西比河上1935年修建的"马克·吐温纪念大桥"和著名的杰克逊岛清晰可见。

夏天，汉尼拔人仍要到杰克逊岛去钓鱼、游泳。小岛绿树浓荫，芳草鲜花，蝶飞鸟鸣，人们从中享受无限的乐趣。

在生活的重压下

> 艰难会使人堕落，也会教人成熟，其区别在于承受者的人格和耐力。
>
> ——作者题记

1847年3月，马克·吐温一家的生活处境已经变得十分困难。父亲克列门斯负债过多、无力偿还，不得不放弃原来较大的住宅，拍卖了全部的家具用来抵债。年届半百的克列门斯一生正派耿直、不知疲倦、认真工作，还资助过一些有困难的人。在家境好的时候，他在田纳西州买下了10万英亩土地，期望靠它使全家过上富裕的日子，他也曾尝试了许多别的致富途径，但最终由于缺乏生意头脑，心肠太软，为不可靠的人作担保等使自己背上了沉重的债务。在家庭生活日益窘迫的情况下，他曾想讨回一些旧债，却由于对手的狡诈和自己的过分善良而失败了。一天早晨，克列门斯冒着风雨骑马到11英里以外的一个小镇，去与一个奴隶贩子打官司。回家之后，因过度的焦虑、疲劳和风雨的侵蚀，得了胸膜炎，后转成肺炎，终于在

这个阴冷的春天撒手西归。年仅11周岁的马克·吐温失掉了了解父亲、亲近父亲的机会，再一次看到生命的消逝。他决心去工作，照顾安慰悲伤的母亲，做一个好男儿。不久，他找到了一个计时的零杂活，给当地民主党的报纸《新闻报》当报童和信差，挣钱补贴家用。在假期和放学后，他曾干过各种杂活、当过杂货店的伙计、铁匠的帮工、书籍推销员的助手、药房的零杂工等。以此帮助姐姐和哥哥支撑着贫困的家。

12岁时，马克·吐温征得母亲的同意中止了学业，到约瑟夫·艾门特主办的《密苏里信使报》周刊的印刷所当学徒工。他的报酬是吃住在艾门特那里，每年得到一套旧衣服。在这里他有干不完的活，从早晨起来生火，到公共抽水站去提水，打扫办公室，从拆版毁坏的铅字中把好的挑出来、润湿纸垛、洗刷油墨辊

→马克·吐温故居附近的密西西比河

和印版、排版、折叠纸张、包装邮寄印好的报纸、给100位订户送报等等，工作十分繁重。

在艾门特那里，马克·吐温和另一个学徒威尔士·麦林密克，领班佩特·麦克莫利一起，每天吃着单调的的炖肉和清水煮洋白菜、定量供应的面包、一杯淡咖啡，饥饿折磨着他们。没办法，马克·吐温就和威尔士到地窖里去偷洋葱和土豆，放在印刷所的炉子上煮着吃。

由于想家和伙食不好，马克·吐温深深体会到了做个男子汉的艰难。他常常在倍感孤单的夜晚偷偷溜回家去，睡在厨房的地板上。

在艰苦、沉重的工作之余，马克·吐温断断续续地到一所补习学校听课，学会了许多书本知识，很快开始做助理编辑的工作，成为熟练的印刷工人。这段

生活使他有机会了解下层工人的境遇和个性，对他后来的创作产生了很大影响。

1850年夏，在圣路易斯当印刷工人的奥利安遵从母亲的意愿回到汉尼拔。他卖掉了父亲在田纳西州的200英亩地产，用换来的50块钱购置足够的铅字，办起辉格党的一份周刊《西部联合报》。弟弟亨利当了学徒工。不久，14岁的马克·吐温离开了艾门特，到哥哥奥利安那里给两个学徒、一个助手当领班。由于奥利安不善经营，在两年多的时间里，始终没能兑现每星期3元5角工资的承诺。但马克·吐温还是为能回到家里而欣喜若狂。他经常与母亲开着有趣的玩笑，一家人吃着粗茶淡饭，穿的也很破烂，但心里却很愉快。

1851年1月16日，马克·吐温在《西部联合报》上公开发表了他的第一篇文章——一则人物通讯，介绍了一位工人在印刷所的一次火灾中的惊人表现。这一年他15岁。同年9月，奥利安买进了辉格党的另一份报纸《新闻报》，把它并入自己的《西部联合报》，使报纸的发行额大增，一下子成为当地最有影响的报纸。同时，姐姐帕梅拉与威尔·莫菲特结婚后定居圣路易斯，经营代销生意，日子过得也不错，这两件事使马克·吐温家的经济状况有所改善。

这期间，马克·吐温在《新闻报》上发表的一些幽默小品帮助哥哥的报纸扩大了影响，增加了销路。他的第一篇小说《花花公子吓唬穷光蛋》在波士顿一家滑稽周刊《毛毡旅行袋》上发表，署名"赛·朗·克"。这篇小说讲述了一个令人捧腹的故事：留着令人销魂的小胡子的爱吹牛的花花公子，带着马枪，在一条轮船上为了向女士们献殷勤，企图欺负一个汉尼拔的林中居民，最终却被对手打到了河里。小说很快被采纳刊用了，但马克·吐温却没有收到稿费，甚至忘了曾投过稿。因为随后发生的两件事使他无暇顾及此事，并促使他下决心离开家乡。

1853年1月一个星期六的夜晚，在街上散步的马克·吐温碰见一群小孩正拿一个喝醉的流浪汉开心，善良的马克·吐温赶走了他们。流浪汉向他要火柴点

←马克·吐温洞穴

烟斗，马克·吐温给了他几根，然后回家睡觉了。当晚，流浪汉闯进一家黑人住的小屋捣乱，并赶走了主人，被警察关进了一间单人拘留所。凌晨3点左右，处于迷乱中的流浪汉点燃了草铺，丝丝的火舌吞没了

→ 与马克·吐温作品相关的画作

他身后干燥的木制门窗，而带着钥匙的警察局长却在家里酣睡。等拿来钥匙时，流浪汉已经被烧死了。不幸的是马克·吐温又目睹了流浪汉的挣扎和死亡，他拼命地想撞开牢门，却没有成功。流浪汉痛苦地呼救和被烧时的惨象，夜夜萦回在他的梦里，他感觉自己犯了罪，因为是他给了他火柴。这种负疚感使他痛苦不堪。

4个月以后，马克·吐温从一张圣路易斯出版的报纸上发现一条消息，介绍纽约市正在举行"万国博览会"，许多人去观看新"水晶宫"的奇迹，他于是搭了一艘开往圣路易斯的轮船，于1853年春踏上了离家的路。

离开汉尼拔后，马克·吐温先是来到了圣路易斯，在当地的《晚报》排字间工作，积攒够了前往纽约的旅费。当他来到纽约时，口袋里只剩下13元钱，在"万国博览会"上，他饱览了五光十色的发明创造，花光了最后一个铜板。于是他又到一家印刷厂工作了一段时间。

后来，他从纽约跑到费城，先后在《探询报》《北美报》等当了几个月的印刷工人，期间他甚至到华盛顿观光游览。外面的世界既精彩又引人入胜，马克·吐温一边凭着熟练的技艺赚钱糊口，一边满怀好奇地去打量这个世界、探询其中的奥秘，乐在其中。

　　一年以后，为了帮助三心二意却又花样翻新的哥哥奥利安，马克·吐温来到依阿华州的马斯卡廷，与已经到达这里的母亲、哥哥、弟弟会合，并帮助奥利安创办《马斯卡廷纪事周报》。不久，他又来到圣路易斯，在当地的《晚报》当排字工人，待遇有很大改善。

　　这一年，奥利安与一位叫莱莉·斯托茨的基厄卡克姑娘结了婚。之后，他又把家搬到基厄卡克来，并借钱买下了一个小小的商业印刷所。于是，奥利安向马克·吐温写信求援。马克·吐温顾念手足之情和家庭责任，来到基厄卡克，在奥利安的印刷所干了一年多。他希望能为哥哥的事业打开局面，但自己挣到的钱都只够他抽雪茄。

　　这期间，他在旧报纸上知道了一位美国海军上尉威廉·路易斯·赫恩顿的冒险故事。这位冒险家在一名秘鲁向导的陪同下，乘坐一只印第安人的独木舟，在亚马逊河上航行了4000英里，为海军军部搜集了大量有关亚马逊河流域的情报：它的各交流的适航性、它的未开发的丰富的商业资源等。这个冒险家的壮举，那片自由的沃土，无际无边的丛林，神秘莫测的大河，勾起了马克·吐温丰富的想象和探险的渴望。他决定去看看亚马逊河，这个念头使他心潮起伏，激动不已。但路费却拖住了他的后腿。

在1856年漫长的夏季、难熬的秋天里，"亚马逊"一直缠绕着他。虽然想尽了办法，但却无法筹措到起码的路费。这年11月一个阴冷的日子里，闷闷不乐的马克·吐温独自漫步在基厄卡克街头，漫不经心地看着飞舞回旋的雪花落在行人稀少的人行道上。突然，一张纸片从他的脚前掠过，让一堵墙挡住了。映入他眼帘的是一张50元的钞票。善良的马克·吐温张贴了一张失物招领启事。四天后，并没有人来领取。马克于是认为这是天意相助，给他送来了路费。他用这笔钱买了到辛辛那提的船票，一边在这里的莱特父子公司的印刷所工作，一边等待弟弟亨利的到来。但谨慎的弟弟终于没有来。1857年4月，马克·吐温孤身一

← 激发马克·吐温创作灵感的城市——海德堡市

人乘坐一艘破旧的轮船前往新奥尔良，踏上了探险的旅程。

这艘名为"保尔·琼斯"号的轮船缓慢地爬行在俄亥河上。在两个星期的航行中，马克·吐温学会了水手们的一些行话，懂得了左舷、右舷、平潮、暗礁、沙洲等等。考虑到未来探险的需要，他想方设法和那些懂得观察水情、能在黑夜掌舵、善观风云变化的人们攀谈，倾听水手和领航员们议论轮船爆炸和沉船的各类事故。这时，少年时想当领航员的梦想又在他心中复活了，他渴望掌舵引航，成为一名真正的领航员。

当1500英里的漫长旅程结束时，马克·吐温与一位叫霍雷斯·毕克斯贝的领航员已经很熟了。毕克斯贝当时34岁，脾气急躁，但却是个公认的领航专家。

在他的指导下，马克·吐温常有机会操纵舵轮，驶过不少曲折的里程。

到新奥尔良后，马克·吐温才知道根本没有开往亚马逊河口帕拉的船。一年多的梦想在这一瞬间像肥皂泡一样破灭了，而他身边只剩下10块钱，时间也不允许他再做别的选择，他必须迅速找到出路。

于是，他想到了霍雷斯·毕克斯贝。软磨硬泡了3天，毕克斯贝终于答应收留他做徒弟，教他摸清新奥尔良到圣路易斯之间这段密西西比河1200英里的航道

← 青年马克·吐温

状况，把他培养成一位轮船领航员，学费是500元钱，先预付100元。回到圣路易斯后，马克·吐温向姐夫威尔·莫非特借了100元钱，同毕克斯贝拍板成交，开始了他41年的航行生涯。

当时在密西西比河上没有灯塔，没有浮标，全凭领航员惊人的记忆力来保证航程的安全。作为一个优秀的领航员，必须在任何天气情况下，都能牢牢地记住每一英尺一英寸航道情况，做出正确的判断，操纵航船安全航行。当17个月的见习领航员生活结束时，马克·吐温已经对这1200英里航道了如指掌，知道河岸线在白天是什么样子、在迷茫的雾霭中、在月光皎洁的夜晚、在一片漆黑中又是什么样子。他记住了从圣路易斯到新奥尔良之间500个浅滩的位置，记住了每一处急流、渡口的水深、水面上各种波纹的含意及沿线陆地上的标志。在他的眼里，一切天上地下水面的标志，都是航

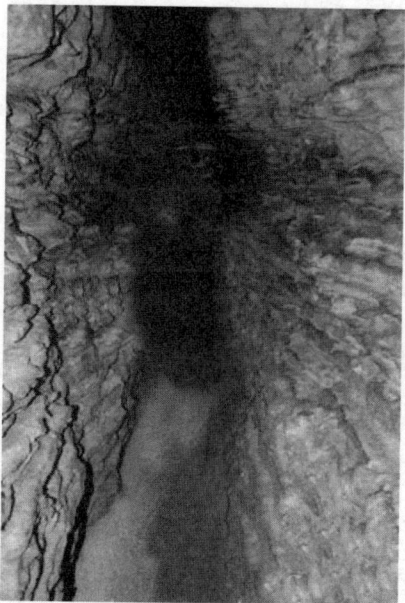

→马克·吐温岩洞

行的参照，都与
航行息息相关。

在当领航员
的日子里，他感
觉自己是一座水
上城市的掌舵人，
像王子一样神气，
因而总是充满自
豪感。他留着长
长的颊须，戴一
顶高高的锥形毡

←马克·吐温大树桩

帽，衣冠楚楚、温文尔雅、风趣幽默，博得了许多姑
娘的欢心和领航员们的尊敬。休息的时候，他便到轮
船的酒吧里喝酒、闲聊。

一年后，弟弟亨利也在马克·吐温所在的"宾夕
法尼亚"号船上工作，当了一名没有薪水的二等文书。
这时的马克·吐温还没有拿到领航员执照，他被借到
"宾夕法尼亚"号快速邮船上给一个名叫汤姆·布朗的
领航员当助手。轮船在圣路易斯停泊时，马克·吐温
和弟弟便到姐姐帕梅拉家休息。母亲这时也搬来与他
们同住了。团聚虽短暂，但对他们一家人来说却是珍
贵而愉快的。

　　1858年5月，"宾夕法尼亚"号在从圣路易斯开往新奥尔良途中，马克·吐温因布朗粗暴地对待弟弟亨利而与他发生纠纷，两人大打出手。到新奥尔良后，马克·吐温便搭乘另一条船回圣路易斯，而弟弟亨利仍留在船上。

　　"宾夕法尼亚"号在离开新奥尔良的第四天清晨，锅炉发生爆炸，150人死亡。亨利被气浪抛出很远落在河里，在游向岸边时，他想到自己没有受伤，应该尽力救助别人。于是他向熊熊燃烧的轮船残骸游去，在救人时受了重伤，被送到孟菲斯。随后赶到的马克·吐温守护了弟弟6个昼夜，已经有生存希望的亨利却在第六天夜里因值班医生过量用药而死亡。

　　对亨利怀着深厚的手足之情的马克·吐温感到了

→纽约

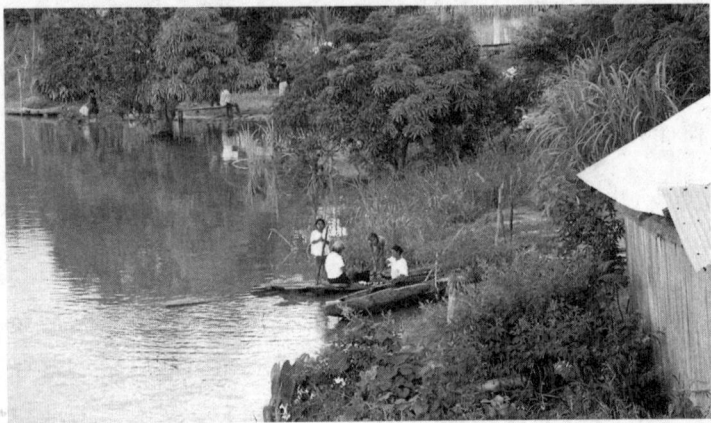

← 亚马逊河流域的居民生活

一种宿命的悲伤和负疚，他觉得自己不该让亨利从事水上工作，不该让他上这艘船，不该向他宣传那种愚蠢的英雄主义。在强大的命运之手的摆布下，马克·吐温深为亨利、为自己、为人类悲哀。

然而，密西西比河上无穷无尽的考验不允许他沉湎于忧伤和自责。在船上，他必须时刻全神贯注，注意航行中每一点细小的变化。3个月后，即1858年9月9月，快满23周岁的马克·吐温终于领到了正式的领航员执照，有了一份令人羡慕的工作。他喜欢这种充满冒险意味而又丰富多彩的水上生活。他会弹钢琴、唱流行歌曲，是一个能干而又富有情趣的人，处处如鱼得水。这时的马克·吐温已决心把一生交给密西西比河。

初出茅庐的马克·吐温十分敬畏领航员中的老前

辈艾赛亚·赛勒斯船长。这位年迈70的老人年高德劭、仪表不凡、才智出众，神圣不可侵犯。他讲的古老的水手传奇，令所有年轻的领航员羡慕不已。老人还常常用马克·吐温的笔名给《新奥尔良小人物报》写一些知识性小品，介绍密西西比河的沿革和现状。出于顽童心理，马克·吐温他们便常常在背后对赛勒斯船长搞恶作剧。一次，马克·吐温模仿老船长的笔调写了一篇非常尖刻的讽刺小品与老船长开玩笑，这篇小品被别的领航员投给《新奥尔良三角洲实况》杂志，并发表了。老船长很伤心，从此再没有写过文章。

马克·吐温虽然表面上装作若无其事，但内心却一直对老船长怀着深深的歉意，这份歉意连同密西西比河的一切，从此再也没有离开马克·吐温的记忆。

→马克·吐温部分作品

马克·吐温的名字由来

马克·吐温是其最常使用的笔名，一般认为这个笔名是源自其早年水手术语，马克·吐温的意思是：水深12英尺，塞缪尔（即"马克·吐温"）曾当过领航员，与其伙伴测量水深时，他的伙伴叫道"MarkTwain!"，意思是"两个标记"，亦即水深两浔（1浔约1.1米），这是轮船安全航行的必要条件。

还有一个原因是，他的船长塞勒斯，他是位德高望重的领航员，不时为报纸写些介绍密西西比河掌故的小品，笔名"马克·吐温"。

1859年，塞勒斯船长发表了一篇预测新奥尔良市将被水淹没的文章。调皮的塞缪尔决定拿他开个玩笑，就模仿他的笔调写了一篇非常尖刻的讽刺小品。谁知这篇游戏文章竟深深刺痛了老船长的心，老船长从此弃笔不写，"马克·吐温"这个笔名也从此在报纸上销声匿迹了。

　　四年后，当上记者的塞缪尔得悉塞勒斯船长谢世的噩耗，为自己当年的恶作剧追悔不已，决心弥补这一过失，于是他继承了"马克·吐温"这个笔名，并以此开始了他的写作生涯。

马克·吐温的幽默

小错与大错

　　有人问美国作家马克·吐温："小错与大错有什么区别？"马克·吐温答道："如果你从餐馆里出来，把自己的雨伞留在那儿，而拿走了别人的雨伞，这叫小错。但是，如果你拿走了别人的雨伞，而把自己的雨伞留在那里，这就叫大错。"

鲸与作家

　　马克·吐温收到一位初学写作的青年的来信。写信人对这样一个问题颇感兴趣：听说鱼骨里含有大量的磷质，而磷则有补于脑，那么要成为一个举世有名的大作家，就必须吃很多很多的鱼才行，不知道这种说法是否符合实际。他问马克·吐温："您是否吃了很多很多的鱼，吃的又是哪种鱼？"

马克·吐温回信说："看来，你得吃一条鲸才成。"

必须站着

马克·吐温有一次到一个小城市演讲，他决定在演讲之前先理理发。

"你喜欢我们这个城市吗?"理发师问他。

"啊！喜欢，这是一个很好的地方。"马克·吐温说。"您来得很巧，"理发师继续说，"马克·吐温今天晚上要发表演讲，我想您一定是想去听听喽?"

"是的。"马克·吐温说。

"您弄到票了吗?"

"还没有。"

"这可太遗憾了！"理发师耸了耸肩膀，两手一摊，惋惜地说："那您只好从头到尾站着了，因为那里不会有空座位。"

"对！"幽默大师说，"和马克·吐温在一起可真糟糕，他一演讲我就只能永远站着。"

动荡岁月

> 在举棋不定的时候，不妨以心作导游。
>
> ——作者题记

19世纪50年代中期，反对蓄奴制的热潮已经席卷全国。1859年秋，59岁的约翰·布朗领导了一次悲壮的旨在废除黑奴制、争取自由的起义。失败后，他被绞死在查尔斯顿。

1860年11月，亚拉伯罕·林肯当选为美国总统。12月，几个实行蓄奴制的州宣布退出联邦。1861年2月，美国南部联邦在阿拉巴马州的蒙哥马利宣告成立，杰弗逊·戴维斯被推选为总统。尽管林肯总统呼吁和平，告诫人们"同室操戈、大厦将倾"，但这年4月，南部联邦还是首先发难，进攻萨姆特要塞，揭开了南北战争的序幕。

南北战争使密西西比河上的航运陷于停顿。当了3年领航员、收入颇丰的马克·吐温因此失业，寄居在圣路易斯的姐姐家里，这一年他25岁。

对于这场战争，马克·吐温的思想总是摇摆不定。虽然他有许多黑人朋友，同情黑人的遭遇，但他毕竟出生于南部实行蓄奴制的州，一直享受着作为白人的特权。因而，对南北双方大张旗鼓招募自愿兵这件事，基本持旁观态度。7月的一天，马克·吐温童年的一个伙伴来到圣路易斯城莫非特家里找他。之后，马克·吐温便悄悄地溜回汉尼拔，与15名当地青年组成了一支名为"马里恩别动队"的队伍。马克·吐温为副队长，他们宣誓向一切入侵者讨还血债。第二天夜里，他们带着一些毫无用处的鸟枪，经过几个小时疲惫不堪的行军，来到一个叫新伦敦的小镇。在罗尔斯上校的庄园里吃了一顿早餐，然后在

← 中年马克·吐温

→密西西比河

上校的授意下凭《圣经》起誓："一定忠于密苏里州，要把一切入侵之敌，不管他们是从哪里来的，也不管他们打着什么旗帜，统统从密苏里州的土地上赶出去。"后来才知道，他们通过这次仪式加入的这支队伍，正是南方联邦的军队。随后，他们以一片森林中的槭糖林地作为堡垒驻扎下来。在3个星期中，马克·吐温他们除了误杀了一个过路的平民外，便是在假情报的指挥下频繁转移，没有做任何有益于密苏里州的好事。很快，马克·吐温和其他七八个人便离开了队伍。

圣路易斯迎接他的是一个喜讯，奥利安被任命为内华达州的行政长官、兼管财政、行政和审计。州长不在时，还将代理州长，年薪1800元。于是，马克·吐温作为奥利安的私人秘书，拿出了自己当领航员时存下的900元钱，替自己和哥哥付了昂贵的长途驿车费和其他食宿开销。1861年8月他们踏上了旅程，20天后到达了尚未开发的落日之乡——内华达准州的首府卡森城。一路上，他们听到过强盗们的劫掠和杀人，见过旋风般奔驰的快递邮差，也看到了大盐湖城的繁荣清洁。所见所闻改变了他们因道听途说而产生的对"摩门教"的偏见。

内华达州所辖地区都是在同墨西哥战争中夺来的荒芜之地，居民也大多是前来开挖银矿的工人，社会秩序混乱，盗风盛行。

居住和办公条件也令人非常失望。奥利安的卧室同时兼做办公室，马克·吐温则住14人一间的集体宿舍。膳宿费每周需10元。不得已，马克·吐温常常与

← 密西西比河河势

哥哥奥利安合榻而眠。

但当时的内华达却是躁动不安的，居民们天天沉浸在发财的梦想中。那些关于新发现矿藏的消息一天天冲击着马克·吐温渴望立刻致富的心。他终于按捺不住，与其他3人组成一个勘探队，加入到淘金者的行列，在冰天雪地里风餐露宿，历尽艰难地干了一年，却一无所获。

1862年夏，做着发财梦而又屡屡失望的马克·吐温在百无聊赖中又操起了笔，给内华达的《本州企业日报》投起了稿。他用幽默夸张的手法介绍矿区生活，很快得到该报主编的赏识。1863年夏，马克·吐温凭兴趣写下的那些通讯稿子终于给他带来了好运。弗吉尼亚的《企业报》以每周25块钱的工资聘请他做记

→ 密西西比河畔的小镇

弗吉尼亚洲海滩

者。得到消息后，马克·吐温随即带着一身的碱质尘土，佩着手枪来到弗吉尼亚这座由于矿业发达而走向繁荣奢华的城市，开始了他的记者生涯。

《企业报》老板约瑟夫·古德门曾是打短工的排字工人，在前任老板破产时，以240元的价钱买下了这家报馆，并使它很快振兴起来。报馆已装备有蒸汽机带动的印刷机、有5位编辑、23名排字工，广告应接不暇，每月可净赚6000元，生意十分兴隆。马克·吐温的工作是每天用本地新闻填满两个专栏。在最初的日子里，他写的是本地的日常消息，诸如酒馆里的凶杀、印第安区的械斗等。后来，他开始在全城采访，写有关本市的矿山生活以及关于杀人犯、亡命徒之类

的故事。当然，其中有不少由于发现富矿而致富的暴发户的种种轶闻和靠梦想过日子的人们的故事。

在采访中，马克·吐温发现在这个城市虽然有凶杀的验尸、审讯等，但却没有任何一个凶手被判刑，因为其中的许多凶手是当地极有势力的所谓"极受尊敬"的公民，如治安官员、警察等。而且，当地法律规定：凡曾事先阅读、或得知或谈论所审案件者，不得担任陪审员。因而，只有那些撒谎的暴徒和白痴才肯发誓做这样的保证，而正派人是不屑于为做陪审员而撒谎的。

在这种法律规定的纵容下，草菅人命的事件屡有发生。马克·吐温对这种任意杀人而许多市民又苟且偷安的现象大为震惊和愤怒。他决定把自己的感想化作辛辣的讽刺，抨击这些丑恶现象，向那些禁锢人们自由的不良现象开火，戳穿骗子的嘴脸。

恰巧这期间传来了曾用"马克·吐温"笔名发表文章，介绍密西西比河的赛勒斯船长去世的消息。这勾起了马克·吐温对老船长的怀念和歉疚之情。于是，他决定采用"马克·吐温"这个笔名，表示对领航事业的致敬。从此，他一直沿用这一笔名。

在弗吉尼亚城，马克·吐温与一群年轻的矿工、新闻记者结下了深厚的友谊。他们一起请吉姆·勃来恩讲他爷爷的老公羊的故事，一起唱歌、跳舞。后来，马克·吐温曾在《艰苦生活》中写进了老公羊的故事，并在讲坛上多次讲给听众，给许多人带来了无限的欢乐。

由于马克·吐温文章的影响越来越大，卡森城的

←马克·吐温游轮

立法委员们，矿山的老板们都极力与他攀交情。在报馆，他也以自己的认真精神和卓越贡献而受到老板的赏识，薪水增到每周40元。

1864年4月，《企业报》老板古德门要去度假，指定马克·吐温代理主编职务。马克·吐温凭借一本《美国百科全书》撰写每天的社论。几天后，苦于没有取材可写，马克·吐温便写了一篇攻击《弗吉尼亚联合报》老板莱尔德的"社论"发表了，对方也马上进行了回击。于是，他们便按照当时内华达州的风气和惯例，约定决斗，以保全名誉。枪法不好，而一向又反对决斗的马克·吐温只好硬着头皮出战。幸运的是，

→狂野西部牛仔

← 吉尼亚小镇

他的助手用无意中打掉的一只山雀，向正走来的决斗对手莱尔德谎称山雀是马克·吐温打的，从而避免了一次流血事件的发生。随后，为了逃避弗吉尼亚城新颁布的禁止决斗法令的惩罚，马克·吐温和他的助手悄悄逃出了该城。

这之后，他带着记者生涯中积攒的钱和股票，来到加利福尼亚，过了几个月花花公子般的生活。但由于股票价格下跌，他很快变成了穷光蛋，只好再为《加利福尼亚人》周刊打短工维持生计。穷人的日子总

→报纸上有关于马克·吐温的照片

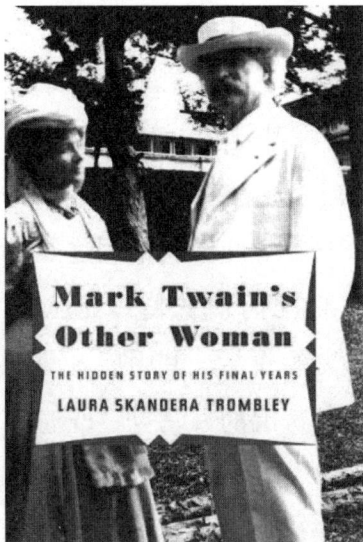

是屋漏偏逢连夜雨，马克·吐温撰稿的《加利福尼亚人》周刊不久又破产了，他变得一无所有。而这时，他的哥哥奥利安又因没有把握好机会，从条件富裕的政府官员变成一名门庭冷落的私人律师，生活水平一落千丈。

马克·吐温从12岁时独立谋生，十几年中四处漂泊，当过印刷工人、领航员、矿工和记者。年近而立之时，再一次遭受失业的打击，但这并没有压倒他，他决定再度离开这座城市，去寻找自己新的生活和梦想。

1864年12月，马克·吐温和同伴吉姆·基利斯一起来到一个位于塔脱尔镇附近的公驴山上加入采金者的队伍。这个矿点在十几年前曾红火过一阵，如今已经荒芜了。在这里，白天，马克·吐温和吉姆，还有一位叫狄克·吉姆的中年搭档一起去挖矿。他们踏遍了内华达的山脊，并寻访了一些采矿隐士；晚上，便坐在一起讲故事。开朗活泼的吉姆常常一本正经地编造一些离奇古怪的故事。故事的主角常常是狄克，狄克也总是安静地任凭他信口开河。狄克野外生活经验丰富，他熟悉森林中的一切，尤其是林中动物的声音。他告诉马克·吐温和吉姆有一种蓝鲣鸟最善于说话，而且语言生动流畅。后来，马克·吐温就根据这段时间积累的素材创作了《什么事难倒了蓝鲣鸟》，还创作了《加利维拉县有名的跳蛙》等作品。其中后者两年后被收进查尔斯·亨利·韦勃选编的《马克·吐温特写选集》，成为他的一篇代表作。

随着1865年南北战争的最终结束，马克·吐温永远地离开了深山老林，不再涉足淘金事业了。

1859年，弗吉尼亚城自发现金矿后迅速成为全世界最富有的小城。

相关链接
XIANGGUAN LIANJIE

南北战争

南北战争，又称美国内战（American Civil War），是美国历史上一场大规模的内战，参战双方为美利坚合众国（简称联邦）和美利坚联盟国（简称邦联）。

在内战前夕，美国是由四个截然不同的区域组成的国家：东北部（即今新英格兰）——成长中的工业与商业及相应之人口密度增长；西北部（即今中西部 Midwest）——自由农民于此迅速发展，拜西北条例（Northwest Ordinance）之赐此处永无奴隶制度；上南方（the Upper South）——垦殖农场，但部分区域经济衰退；西南方——雨后春笋般蓬勃发展的棉花经济区。

1850年后党争在本质和强度上急剧转化。美国共和党在1854年成立，这个新生的政党与林肯都反对自由贸易，以便保护美国北方新兴的工业，与今日共和党的立场完全相反（哈佛商业评论，2009年4月号）。为了赢得北方大多数对奴隶解放持反对态度选民的支持，共和党最初对奴隶制态度含糊。共和党赢得很多前辉格党员及担心美国参议院、布坎南政府及最高法院受南方不成比例的影响的北方前民主党员。

同时，棉花的丰厚利润加深了南方对种植及奴隶的依赖。少部分奴隶的主人，特别是棉花种植者，主导南方的政治和社会。

由于林肯的总统胜选，奴隶州失去了在参议院的权力平衡，并将会面对在总统府和国会在数十年控制后的持续弱势。南方人也感到不能阻止类似莫里尔关税法的保护主义关税。

在1798年肯塔基及维基尼亚决议案及1832年拒行联邦法危机（Nullification Crisis）之前已经辩论，面对关税的威胁，南方以此为由单方面行使州权脱离联邦。

来自美国北方的共和党人林肯虽然不是解放

黑奴的倡言者，但他认为蓄奴不人道，反对扩大蓄奴，而一向以奴隶来发展产业的南方对此感到强烈反对。然而，北方对于南方这种工人的垄断者亦产生仇视心理，双方开始出现矛盾。1860年，林肯当选总统，而林肯在政纲中提及的保护关税及《宅地法》大大削弱了南方奴隶主的利益。这使南卡罗来纳州在1861年旋即宣布退出联邦，而南方各州亦纷纷响应南卡罗来纳州，脱离联邦，并成立"美利坚联盟"，推举来自肯塔基州的杰斐逊·戴维斯为总统。两个月后，南方政府开始发动武装起事，北方政府被逼应战，南北战争开始爆发。

美国内战是美国历史上的第二次资产阶级革命，它维护了国家统一，废除了奴隶制度，进一步扫除了资本主义发展的障碍，为美国资本主义经济的起飞铺平了道路。但是，内战并没有彻底消除种族歧视，黑人仍然受到不平等的待遇。

巅　峰

大道如青天，我自纵横去。

——李白诗

1866年3月，马克·吐温作为《萨克拉门托联合报》的特约记者来到风光旖旎的夏威夷，他与报社约定，每月写4篇通讯，报道他的见闻，稿酬是每篇20元。这次从旧金山出发，是他的环球旅行生涯的开端。从此，他开始逐渐为更多国家和地区的人了解和认识。

在夏威夷，他花了4个月的时间，骑马走遍了瓦胡、夏威夷、毛伊等岛，仔细地观察和亲身感受着这里的风土人情，写下了一些极其生动具体的报道，在全国引起了很大的轰动。7月19日，马克·吐温乘"斯米尔尼奥特号"回到旧金山后，为了积攒下次旅行的费用，开始演讲。他花50元租了一个剧场，介绍他在夏威夷的经历。他的慢悠悠的幽默语调，津津有味的叙述，吸引了大批的听众。用他母亲所说的"赛姆的长谈"为他赢得了掌声和荣誉，当然也包括财富。

在加利福尼亚和内华达作了3个月的演讲后，他赚了15000元钱。同时，旧金山的《艾尔塔·加州日报》向他约写50封"马克·吐温旅游书简"，报酬是每封20元。这使他有了足够的环球旅行的资金。

1866年12月15日，马克·吐温乘"美利坚号"客轮，准备取道尼加拉瓜地峡和纽约赴密苏里探望母亲。在27天的旅行中，他结识了心地善良、见多识广的奈德·魏克曼船长，听他讲了许多有趣的航海故事，并以他为原型，塑造了一系列的小说人物，最著名的是《斯托姆菲尔德船长漫游天国》。这是一部以魏克曼所谈的梦想为素材而创作的小说。

告别了魏克曼船长后，马克·吐温又换马车、换

→美丽的夏威夷

船来到尼加拉瓜的加勒比海岸边，改乘"旧金山号"船，在深邃的丛林、茂密的草地，印第安人的小屋，在岸上晒太阳的鳄鱼以及最后10天中瘟疫的陪伴下，度过了27天惊心动魄的航行，终于看到了纽约码头上的灯火。

在纽约，一位老朋友富兰克·富勒出钱为马克·吐温租了库柏协会的大礼堂，使3000人享受了马克·吐温的幽默、精彩的演讲。这一天是1867年5月6日。作为一位演讲家，马克·吐温这次演讲引起了美国东部人士对他的注意。

不久，他作为《艾尔塔·加州日报》和其他两家报纸的特约记者，随一个赴耶路撒冷参观旅游团，乘坐专用轮船前往圣地。一路上的见闻赋予了他丰富的

→水牛城——布法罗

创作题材和灵感，他用风趣的笔墨、辛辣的嘲讽，对这次巡游大加揶揄。这些令人捧腹的旅行书简也为著名的《傻子国外旅行记》奠定了基础。作为一部现代的奇谈，作者无情地嘲笑了欧洲的封建残余和宗教愚昧，讽刺了美国上层社会的庸俗愚蠢和无知，使那些早已腻味了一本正经的大部头著作的读者耳目一新。

赴圣地观光旅行，马克·吐温最大的收获莫过于结识了查理·兰顿——一位 18 岁的开朗健谈的青年，他成了马克·吐温美满婚姻的牵线人。返航后，马克·吐温一边在华盛顿做记者，一边从事《傻子国外旅行记》的写作。1867 年 12 月底，他来到纽约，见到了查理的姐姐奥莉维亚·兰顿，即他后来的妻子莉薇。

莉薇的父亲原是个乡村杂货店的店员，后来成了一个富有的实业家，他诚实直率，宽厚和善，同时又是个厉害的斗士。全家人是虔诚的公理会教友，严格地遵循着他们的道德观念和行为准则。对于这个收入低微的穷记者，他们是排斥的。因6年前受伤，一直过着深居简出生活的莉薇，娇弱、美丽、善良。马克·吐温第一次见面便热烈地爱上了她。但财富和门第观念阻隔了他们，莉薇的父母因为他爱抽烟，并曾到世界各地去漫游过，还爱喝烈性酒，便断定他是道德败坏的。同时，记者的收入低微，了解社会的阴暗面太多，对许多公众认定的观念持怀疑态度，也是一个原因。为了赢得爱情，马克·吐温答应改邪归正，他减少了抽雪茄烟的数量，夜里读《圣经》。凡是不十分正当的事都一概不做。对自己当时的尴尬处境和心态，他曾在《百万英镑》中作了细致生动的描绘。为了减轻欲爱不能的痛苦，他制订了一个繁忙的演讲计划，用他独特的幽默语调，描绘那些无拘无束、教育程度不高的美国游客在一些古代城市中窜进窜出的滑稽行为，并尖锐地抨击陈腐的旧礼教。把无数的欢乐时光留给了观众，同时也给自己留下了许多值得回味的思考。

　　3个月后，他终于赢得了莉薇的爱，但莉薇的父母却还要对他的品行进行调查。这期间，他与莉薇只好

鸿雁传书，在17个月的时间里，他们共写了近200封信，这些信被莉薇珍藏起来，直到他们都去世后才公开。这同时，他不断地向莉薇的父母证明他品质的转移。但兰顿一家对他的诸如抽烟之类的自由的限制，令他大伤脑筋，他觉得"立下任何一种誓言，都等于对天性宣战，因为宣誓就是一条锁链，老是当啷当啷地响，提醒带锁链的人叫他记住自己是个失去了自由的人"。但是为了莉薇，他不得不暂时委曲求全。

1869年春，马克·吐温结束了自己的又一个演讲季节后，向莉薇的父亲贷款买下了《布法罗快报》的部分股份。7月，《傻子国外旅行记》在哈特福特出版后，立即成了一部最畅销的书，仅12天里就卖了12000本。在出版后的一年里，销量高达10万本，每月为作者赚1200美元到1500美元。《傻子国外旅行记》因其强烈地嘲笑了当时束缚心灵，假装虔诚的传

→因马克·吐温的到来而著名的大吉岭

← 马克·吐温豪华游轮

统思想而畅销不衰。有人评价这"简直像《圣经》一般"。他作为一个著名作家崭露头角，并为公众所接受。马克·吐温用赚到的钱，一方面赡养母亲、照顾哥哥奥利安一家，另一方面为自己的婚姻生活做准备。只是马克·吐温不喜欢报馆里沉闷单调的日常工作，于是，他又向《布法罗快报》告了一年假，继续他的巡回演讲。他的表演才能，使他演讲起来潇洒流畅，生动活泼，他的名气也随着演讲所走过的地方的不断增多而越来越大。

1870年2月2日，马克·吐温和莉薇这对忠贞的恋人终于在优美庄严的圣歌中如愿以偿地走到了一起，开始了34年的幸福生活。这一年马克·吐温34岁。

婚后，马克·吐温在布法罗定居下来，并将他年

迈的母亲和孀居的姐姐帕梅拉及哥哥奥利安一家迁到了距布法罗不远的弗雷罗尼亚镇，并为奥利安找了一份工作，给他的著作出版商创办的一个行业报纸当编辑。他自己除给《布法罗快报》外，还给纽约《银行》杂志写稿。同时为下一部作品收集材料。

1870年8月，莉薇的父亲因患癌症去世，莉薇因伤心过度而早产，生下了儿子兰顿，自己也病了。为了使莉薇换个环境散散心，马克·吐温低价卖掉了他

→哈特福特市基督教堂

← 马克·吐温和莉薇及曾经住过的地方

在《布法罗快报》的产权，全家迁到康涅狄格州的哈特福特。在这里，他写下了小说《等于》，反映了他在内华达采矿和办报的经历，以及他在西部的生活和考察夏威夷群岛的见闻。这部书于1872年2月出版。为了维持生计，马克·吐温又做了4个月的巡回演讲，行踪遍及东部和中西部各地。他穿戴着令人惊讶的海豹皮的大衣和帽子，以增添他演讲的戏剧效果。莉薇则独自在人生地疏的哈特福特镇抚养着幼小的兰顿并孕育着大女儿苏西。她曾想方设法使马克·吐温稳定下来，安心写作，摆脱演讲的奔波劳顿，但自尊心极强的马克·吐温决心靠自己的劳动支撑全家的生活，

而不愿意拖累妻子。这一年，马克·吐温的大女儿——才华出众、富于幻想的苏西出生。然而，不久，他们却失去了才出生19个月的儿子兰顿，为此，马克·吐温一直心怀自责，总觉得是由于自己粗心才使儿子患了白喉而夭折的。

随后，马克·吐温带着一颗伤感的心来到英国，继续他的演讲和创作。这个绅士化的国家用极大的热情接待了他，把他评价为最受欢迎的作家之一。他的《傻子国外旅行记》《苦干》等作品为许多读者熟悉，这给了他很大的安慰和鼓舞。1872年8月，回到哈特福特后，马克·吐温与邻居、《哈特福特新闻报》的编辑瓦纳开始合作创作长篇小说《镀金时代》。在这部作

→ 马克·吐温位于哈特福特的家

←马克·吐温台球室

品中，马克·吐温写到过去熟悉的许多人物：好幻想、充满热情的表哥詹姆士，正派善良而又一无所长的奥利安，自己的父母，幼年时的伙伴和朋友，还有黑人丹尼尔大叔等，同时，也写到了华盛顿政界的贪婪、移民们的冒险，父亲在田纳西购置的土地等，事件线索很多，人物关系也较复杂。初稿完成后，马克·吐温和瓦纳把作品加以整理，合成一部书于1873年出版。他们二人分享版权、平分版税，用这本书，马克·吐温替父亲实现了发财的梦想。

1873年，马克·吐温按照自己的爱好请建筑师爱德华·波特为他设计了一座房屋。地点在哈特福特。房子为三层的塔式建筑，讲究舒适和方便，他一反当时的建筑风格要求，开了许多窗户，光线充足，通风

→马克·吐温在哈特福特家中的楼梯

良好，每个房间都能把外面的景致收入眼中。在楼下的一个玻璃温室里，还种了许多植物。保守的人们纷纷指责马克·吐温的房屋不尊重传统的维多利亚式的建筑风格。但马克·吐温一家不仅感到很舒适方便，而且这种做法，契合了20年后"人与自然协调"的建筑原则。在这座房子里，马克·吐温一家住了17年，这里经常高朋满座。马克·吐温在这里和离这儿不远的乡村别墅夸里农庄写了12部书。

从1874年6月起，他在夸里农庄和哈特福特的新家里开始了《汤姆·索亚历险记》等作品的创作。他的女儿克拉拉、吉思都出生在这里。在这样一个幽静的乡村别墅，在这样一个称心如意的家里，马克·吐温的创作进行得很顺利。他在小说的境界里重温了童年、历史，自由地驰骋着自己的想象，他的3个女儿从牙牙学语慢慢地成长为漂亮聪明的少女，他自己的年龄也一天天地增大。正如一位朋友所说：他"直到晚年，始终是一个小伙子，具有一副少年的心肠，却有一颗贤哲的头脑"。他的夫人也一直亲昵地称他"小伙子"。他的知名度也随着作品的不断问世而提高。

1875年，年届40岁的马克·吐温完成了著名的少年读物《汤姆·索亚历险记》，并于第二年出版。小说主人公叫汤姆·索亚是一个聪明淘气、富有好奇心的孩子，由于厌倦了刻板的家庭生活和枯燥的功课，与伙伴哈克贝利·费恩离家出走，去追求冒险生活，要做史诗里的英雄、强盗和首领，幻想着一个充满英雄业绩的神奇世界。这部作品对自由活泼的儿童心灵进行了生动的刻画，嘲笑了成人世界的虚伪、僵化。接着，《密西西比河上的往事》在《大西洋月刊》上连

←图为故居内的暖房

载，7 年后，他把这部回忆录写进了《密西西比河上的生活》一书。1876 年，马克·吐温开始创作《哈克贝利·费恩历险记》，1877 年开始写作《王子和贫儿》等，并开始构思《斯托姆斐尔德船长漫游天国记》。此外，还与人合作，创作了喜剧《阿辛》。

在家庭生活中，马克·吐温自由的天性得到了淋漓尽致的发挥和展现。在他的影响下，莉薇不再完全相信宗教信条，学会了喝酒，女儿们在宽松愉快的环境中成长着。作为一个好丈夫、好父亲，马克·吐温经常抱着一个啼哭的孩子，与妻子共同分担照顾孩子的责任，或者在女儿的指挥下，随意编一些离奇曲折的传奇故事，启发孩子们的思考和想象。

电话问世后，哈特福特成了世界上第一个使用电话的城市。1878 年，马克·吐温家安装了电话。这年春天，马克·吐温带着全家人到欧洲旅行了一年半。在此期间，他与乔·特威契尔在 8 月间到德国的黑森林做过一次徒步旅行，全家则先是在慕尼黑，后于1879年夏天到了巴黎。在1880年出版的《国外徒步旅行记》中，记载了这次旅行的见闻和经历。同年，《王子与贫儿》问世。这部作品借古讽今，通过戏剧性的情节，揭露了现实社会的残暴不平，表达了他的民主和人道主义思想。也就是在这一年，马克·吐温禁不住一个珠宝商的劝诱，向一个叫詹姆士·佩吉的发明家据说快要成功的排字机投了2000元的股，还购买了一些别的股票。只是他太缺乏经商投资的经验，他的投资选择，尤其是这项所谓的发明在他的有生之年，不仅没给他带来任何收益，反而最终把他拖进了困难的境地。

1882 年 春，马克·吐温花了6个星期的时间，沿着他青年时期领航时走过的路线，重游了密西西比河，秋天，完成了《密西西比河上的生活》一书。从1883年

←格兰特将军

MARK TWAIN

马克·吐温

舒风 著

起，他开始续写《汤姆·索亚历险记》的姊妹篇《哈克贝得·费恩历险记》等。1884 年，当《哈克贝利·费恩历险记》这部杰作出版时，马克·吐温自己也成了一名出版家。为了免受奸诈的出版商们的盘剥，他出资，由他的外甥任经理并以他外甥的名字命名了自己的出版公司。但由于韦伯斯特对商业和出版毫无经验，马克·吐温本人又常常举棋不定，想法常常自相矛盾，因而，查尔斯·韦伯斯特出版公司的经营状况一直不太好。1885 年 2 月，马克·吐温在自己的出版公司出版了《哈克贝利·费恩历险记》，使公司一下子名声大振。《哈克贝利·费恩历险记》初版发行 3 万册，两个月内又重印了许多次，成了他最赚钱的小说。

1884 年秋，马克·吐温再次登上讲坛，这次他邀请了一位叫乔治·华盛顿·凯布尔的作家做伙伴，分担每夜两小时的节目，由他支付凯布尔的旅行费用。

在 4 个月的巡回演讲中，马克·吐温产生了写《康州美国佬奇遇记》的念头。

1885 年，在南北战争中担任过联邦军队总司令，战后又两度出任美国总统的格兰特将军患了喉癌，生命垂危。格兰特将军自从 1877 年离开白宫后，一直过着艰苦的生活，他的少量积蓄因投资不慎而一无所获，自己变得身无分文，一度给家庭账单开了空头支票。为了给他夫人提供赡养，他终于答应了马克·吐温的建议，撰写回忆录，并由韦伯斯特公司出版。他以每次口述 1 万字的速度终于在 1885 年 7 月 23 日，即去世前 4 天完成了两卷本的《回忆录》。为保证发行量，马

← 马克·吐温在写作

克·吐温雇用了 1 万名推销员到全国各地挨家挨户地征求预订，随后，20 部印刷机同时开动，7 家装订所日夜赶工，终于使这部《回忆录》以最快的速度出版。这部书的发行量达 60 多万册。格兰特夫人获得了大约 45 万元的版税收入。韦伯斯特公司也获利润 18 万元，马克·吐温本人获得 4 万元。人们都在传说马克·吐温成了一位百万富翁的作家。然而，对于乐善好施、慷慨大度的他来说，这些钱像流水一样地来，又像流水一样很快被花掉了。他曾用这些钱资助了一些有志成才的学生、演员、作家，同时还投进了佩吉那没有希望的排字机器里。最终他还是经常为钱奔波。

　　50 岁前后，为了纠正报界和批评家对他的曲解，13 岁的苏西开始为他写传记。马克·吐温很感动于女

马克·吐温作品

儿对自己的热爱和她的雄心，他曾在《自传》中说："我无论从哪个方面受到的表扬、赞美和歌颂，都不如她对我的评价这么珍贵。"在家庭生活中，马克·吐温是个风趣而有耐心的父亲。当孩子稍大时，他便与她们一起玩拼字谜的游戏，或者扮成圣诞老人，给孩子们讲他乘雪车出游的经验，带给她们一份意外的惊喜。他给孩子养了许多小动物，并给每个动物起了名字。为了帮助孩子们学历史，他在夸里农庄的马车跑道上边插上许多标桩，写上英国历代国王的名字和生卒年月。陪孩子赛跑时，每经过一个标桩，他就大声喊出历代王朝的名字。后来，苏西和克拉拉开始帮助母亲莉薇编辑马克·吐温著作的原稿。为了给孩子们以创造的喜悦和乐趣，他常故意在作品中夹杂一些巧妙安排的无理的话，留给孩子们去改正。

马克·吐温为了不让公众干扰他的私生活，几十年中始终对家庭生活守口如瓶，连他的自传都是在他去世后才公开发表的。他给莉薇写的满怀深情的情书更是被小心珍藏，直到半个世纪后才发表，但他在《夏娃日记》中却借人类始祖之口，写下了他们夫妻几十年相濡以沫的深厚感情，他说："她在哪里，哪里就是伊甸乐园。"

相关链接

XIANGGUAN LIANJIE

格兰特将军

尤利西斯·辛普森·格兰特，1843年毕业于西点军校。

1861年美国内战爆发，格兰特率部远征。格兰特本人相貌平平，在南北战争中，他的军事才能才逐渐显现。他那过人的战略性思考以及坚韧执着的精神，使他在西部战场取得节节胜利。尤其是凭借个人的智慧先后夺取亨利堡及多纳尔森堡，这是联邦军队自战争爆发以来所取得的最主要的胜利。随后，他指挥夏洛战役攻克维克斯堡，粉碎了南方军对密西西比河的控制。在取得铁路枢纽查塔努加战役胜利之后，林肯总统提升格兰特为中将，任命他为联邦军总司令。战争局势向着有利于北方的方向发生转变，奠定了整场战争胜利的基础，之后，在里士满周边进行的旨在瓦解罗伯特·李的荒原战役中，格兰特最终摧毁敌军，于1865年4月9日在阿波马托克斯接受罗伯特·李的投降。

除了军事才能之外，格兰特人品中正，遇事果敢、坚毅，不追逐名利。这种个人品质使他最终走向政治生涯的顶峰。

1868年，共和党提名这位备受尊敬的战争英雄作为本党的总统候选人并当选总统，在1872年又赢得了总统连任。

1877年离开白宫后，格兰特开始了他环游世界的旅程，曾到过中国受到李鸿章的接见。后来格兰特在纽约定居，在这里，他与人合伙开办一家投资公司。结果被合伙人骗得倾家荡产。起因是格兰特总统的儿子巴克，他认识了华尔街上的一只狼——菲迪南华德。这个人没有别的本事，就是很会忽悠，他摆出一副很神秘的样子，告诉大家，最大的利好消息就是格兰特将军将第三次赢得美国总统席位，而押宝格兰特可以为你的投资事业更上层楼。最开始被华尔街之狼游说的就是巴克，之后他的家人、亲属及更多的人也被卷了进来。

在以格兰特将军为"熏肉"的诱饵下，很多精明的纽约人把一生的积蓄，都给了这个口若莲花的菲迪南华德，他拖长着唾沫星子，去游说一个又一个人。两年时间内，套得最深的是格兰特家族的人，格兰特将军把积蓄放了进去，儿子巴克再把自己的钱和妻子的钱放进去，巴克甚至从岳父，一个州的议员那儿借了50万美元，所有格兰特家族

成员的积蓄几乎被洗劫一空。事实上，格兰特将军的威名成为了菲迪南华德聊以敛财的噱头，菲氏只要念念"芝麻开门"的咒语，就有大把聪明的、精明的抑或愚蠢的人，等待着、蜂拥着送钱给菲氏，他们贪图的无非也是所谓的内线消息。

临近崩盘时，菲氏还用格兰特将军的政治资本，在大银行家詹姆士菲斯克那里卷走了一大笔钱，厄运并没有放过格兰特总统，菲氏这只狼还从格兰特手中要走了15万美元。

身无分文的格兰特将军，在身患喉癌、生命垂危的情况下，为了给他的夫人留下一笔赡养费，决定答应马克·吐温的建议，撰写回忆录。1884年始，格兰特为《世纪杂志》撰写战争回忆录。尽管遭受着喉癌病痛的折磨，格兰特仍然与马克·吐温签订协议，公开出版他的回忆录。格兰特用他生命中的最后几个月，描述了那场他本人发挥着重要作用的战争。

1885年7月23日，就在完成个人回忆录最后清样校对不到一周的时间内，格兰特病逝于纽约避暑胜地阿迪朗达克的麦克雷格山。他的书公开出版后即成为畅销书，当时销售达30余万册，为格兰特的遗孀赚得大约45万美元的版税。

崇高的漂泊

尊严无价。

——作者题记

19世纪80年代的美国，各种新的发明创造层出不穷。缝纫机、汽车、电灯、电影、打字机、X光等都已经走入人们的生活，外来移民把这里看成是一片自由的沃土，潮水般地涌来。那高高耸立的自由女神像因克利夫兰总统"自由之光普照人间"的献辞而更有吸引力，成了美国开放的象征。但由于国内各种社会矛盾的激化，工人罢工运动此伏彼起，政府对下层人民的压迫和剥削更加残酷。一向热爱自由、崇尚民主的马克·吐温面对这种社会现实，内心十分愤怒，而他自己，也很难享受到自由的阳光。年近半百的他，由于长期的奔波劳顿，患了严重的风湿病，手指渐渐地有些僵直，但为了支付昂贵的日常生活开支，他不敢有丝毫的懈怠，不得不带病坚持创作。

→马克·吐温

　　1884年，他的最优秀的作品之一《哈克贝利·费恩历险记》完成出版，受到当时和后来的文学家及读者的重视和欢迎。海明威曾说："全部美国文学都来自马克·吐温的一本书，这就是《哈克贝利·费恩历险记》。作为《汤姆·索亚历险记》的姊妹篇，这部小说的主人公哈克是当时美国社会中被认为没有教养的"野孩子"，他整天东闯西逛，不服"管教"，后被一个寡妇收养。寡妇想把他驯养成"模范儿童"，讲究"体面"和"规矩"，哈克无法忍受这种"教化"而逃跑。在一个小岛上遇到了黑人吉姆，在共同的流浪过程中，吉姆的诚挚无私感动了哈克，他们成了朋友。他们在密西西比河上漂流，遇上了自称为"国王"和"公爵"的两个骗子。也看到了所谓贵族的虚伪，最终哈克冒险使吉姆获得了自由。这部作品，也表达了马克·吐温种族平等、人与人之间平等的民主理想，谴责了种族歧视政策。

从1886年起，韦伯斯特出版公司开始走下坡路。1888年，韦伯斯特因患病和与马克·吐温意见相左而辞职，他的继任者对生意经更是一窍不通，这也就注定了这个出版公司失败的命运。而佩吉的排字机仍然像海市蜃楼一样，总在他们面前呈现出希望，但却始终远不可即。他的88岁高龄，富有幽默感、坦诚善良的母亲也去世了。马克·吐温失去了他一生中一位最亲密的朋友和亲人。

1889年，《康州美国佬奇遇记》出版。这是一部充满传奇色彩而又现实意味很浓的作品。故事描写的是一个叫汉克·摩根的美国人，在一次械斗中被一个叫"大力士"的人猛击了一下，晕了过去，一觉醒来时，便回到了1300年前的6世纪。他在一个披甲持矛的骑

→马克·吐温

士的挟持下，来到了传说中的亚瑟王的城堡肯姆拉特。在这个城堡里，他看到了君主制度的腐朽，贵族、骑士和教会人物的无知、贪婪，凭着自己的聪明才智，当上了亚瑟王的宰相，被尊称为"大头目"。汉克回忆着康涅狄克州自由美好的生活，决心用教育的普及和民主改革唤醒那些逆来顺受的驯服奴隶。他动员亚瑟王微服私访，深入民间体察民情，并在决斗中消灭了嫉妒他才智的人。但最终的结果却是战争开始，教会褫夺权利，自由、平等也随之消失。

这部作品不仅深刻地刻画、抒发了马克·吐温对人世间不平的愤恨，宣传了他对平等的坚定信念，也借此抨击了19世纪美国社会种种可悲的现实。因而这部书一出版，便引起了巨大的轰动，有人喝彩，也有人起哄，甚至谩骂。但这部倾注了马克·吐温全部坦率的胸怀和热切希望的作品，使他得以一吐心中的郁闷。为此，他十分欣慰。

　　1890年，《败坏了赫德莱堡的人》问世。这篇中篇小说，描写了一个叫赫德莱堡的小镇，这个小镇享有"诚实""清高"的美名。后来，有一个外乡人巧妙地利用一袋假金币作诱饵，戳穿了这个镇子虚假的声誉，嘲弄了美国社会的虚伪和贪婪的风气。

　　1891年春，刚上大学一年级的苏西因健康状况不佳而离开了学校。6月，为了应付日益严重的经济困难，他们决定到物价较低的欧洲去生活。

　　哈特福特的家曾给他们带来了无数快乐和希望，

← 马克·吐温与朋友在一起

→马克·吐温的扮演者

如今，他们却不得不凄凉地告别它了。

马克·吐温一家乘船先到了法国的埃克斯累班，在那里稍作停留，再到温泉去给马克·吐温治疗风湿病，同时使莉薇和苏西有个疗养的机会。随后，他们又到了巴特瑙海姆、捷克的马里安和利古里亚海滨。然后又到柏林住了一段时间。在意大利的佛罗伦萨城外3英里，他们租了一幢叫维维安尼的大别墅，在这里住了一年。马克·吐温在这里完成了《汤姆·索亚出国记》《傻瓜威尔逊》《百万英镑》《亚当日记》等，并开始动手写《贞德传》。

《傻瓜威尔逊》于1893年出版。小说描写了这样一个故事：女黑奴罗克森娜害怕自己的儿子将来被主人卖掉，便把他同白人主人的儿子在摇篮里对换。因她的儿子黑人血统少，肤色和白人一样，因而没被人发现。孩子长大后，白人小主人成了奴隶，性格驯服温良，而罗克森娜的儿子却变成了少爷，而且在白人社会中染上了种种恶习，成了罪犯。作者力图用这个离奇的故事，批判"白人优越论"的荒谬，表达他关于自由、平等的一贯思想。

在经济困难的压力下，马克·吐温拼命地写书，给报纸和杂志写文章，希望能保住韦伯斯特公司，并使"快要完成的"排字机早日问世。莉薇也拿出了她所继承的最后一笔遗产，但韦伯斯特公司还是在经济恐慌的1894年4月宣告破产，欠下了近10万元的债务，债主一共有96个，大多数是一些经营墨水、玻璃版、纸张和图书装订行业的小业主，他们都很同情这位举世崇敬、为大家创造欢乐的作家。马克·吐温虽然并没有偿还债务的法律责任，但他深知下层人们的生

← 法国埃克斯

→ 利古里亚

活状况，他的自尊心、荣誉感也不允许他坐视别人的破产，他决定分文不少地还清这笔惊人的债款，尽管这时，由于书的销路不好，他也已经破产了。

在过去的生活中，每当经济状况不佳时，马克·吐温总是借助写作和演说来使自己摆脱困难，而且屡屡奏效，这也是他所能做的唯一选择。于是，马克·吐温通过他从前的演说代理人庞德少校安排了一年的巡回演说计划，拖着疲惫的身体踏上了旅途。

1895年7月14日，马克·吐温和莉薇、克拉拉一起，登了西行的火车，首先在横穿美国大陆的旅途中，开始了他的全球巡回演说。马克·吐温用他惯有的慢吞吞的音调讲了丹尼尔大叔的"金胳膊""加拉维拉县的跳蛙"等故事。所到之处，受到了人们热情的欢迎，报纸上刊登了马克·吐温的演说日程表。知道他环球巡回演说的目的是为了还债的人们，常常聚集在会场外，祝愿这位白发老人一路平安。5个星期后，在人们的祝福中，马克·吐温、莉薇、克拉拉由温哥华乘船前往澳大利亚，从悉尼沿着海岸线逐站南下，随后他们到塔斯马尼亚、新西兰、印度、南非等地，在旅行中，马克·吐温不断地将赚到的钱寄给他的经纪人罗杰斯，由他来替自己还债。令他们一家高兴的是，随着旅程的即将结束，他们的欠债额也在迅速减少。1896年8月，马克·吐温一家回到英国，在伦敦近郊租了一所房子，马克·吐温准备在这个名为吉尔福德的安静小镇上完成记载他此次旅行经历的作品《赤道环游记》，以便还清最后的债务，同时等待苏西和吉恩前来团聚。

可是，他们得到的却是报告苏西生病消息的来信。

← 马里安海滨

一种不祥的预感涌上马克·吐温的心头。作为他最欣赏、最疼爱的女儿，苏西没有亲自给他写信，这对他来说，是极不正常的。莉薇和克拉拉赶紧收拾行装，准备搭乘邮船回哈特福特探望苏西，并把她接到英国来治病。那几天，马克·吐温一连打了好几次电报询问情况，莉薇和克拉拉走后，他又赶紧租了一所较大的房子，以便等苏西来时有地方住，得到更周到的护理。

8月18月，吉尔福德是个细雨蒙蒙的阴暗日子，莉薇和克拉拉已经在大西洋海面上航行了3天，马克·吐温独自一人在冷冰冰、空荡荡的房子里收到了24岁的苏西患脑膜炎死亡的噩耗……悲痛欲绝的莉薇把苏西安葬在艾尔迈拉。月底，带着克拉拉、吉恩和仆人凯蒂·利尔里再度来到英国。他们一家在伦敦契尔西郊区台德沃斯广场23号找到了一个新的藏身之所，谢绝外界的干扰，度过了10个月的隐居生活。这期间，马克·吐温拼命地写作，以减轻对苏西的思念之情。他除了写《赤道环游记》外，还写了大量的笔记，其中记下了关于苏西的一切，她的聪颖、智慧，她幼年时的一些趣事，她未完成的为父亲作传记的心愿等。在马克·吐温去世后发表的《自传》里，有关苏西的内容占去了很大的篇幅。苏西去世一周年祭日时，马克·吐温一家正在瑞士。莉薇一清早便乘着一艘湖上的汽艇到一个安静的小客栈，读着苏西的信，在泪水和回忆中度过了一天。此后，一切节日对他们都失去了吸引力，哈特福特的家他们也没再回去住过，怕往昔的快乐勾起今天更多的伤感。

在瑞士住了两个月后，他们来到维也纳，在这里度过了21个月。克拉拉进修钢琴演奏，并结识了未婚夫。马克·吐温受到了人们友好热诚的对待，大家尊称他是"整个文明世界最杰出的幽默大师"。他的社交生活频繁，结识了许多新朋友。同时，写下了许多散文、故事、论文、小说等，《自传》的写作也有所进展。勤奋的马克·吐温有时一口气工作八九个小时。

马克·吐温和他的朋友们在戴尔莫尼克餐厅里

《败坏了赫德莱堡的人》就是这期间的代表作品。

苏西去世后的第一个圣诞节前夕，马克·吐温的哥哥奥利安终于结束了长期劳心焦思但又一事无成的一生，带着未完的梦想去世。马克·吐温的小女儿吉恩才19岁，但常常郁郁不乐，做着一些古怪的事，为了给吉恩治病，他们一家曾辗转瑞典、伦敦等地，但虽经多方求医，起色不大，医生认为是"羊痫疯"。吉恩的病，使这个越来越缺少欢乐的家庭更经常被忧伤的气氛所笼罩。

随着《赤道环游记》的出版销售，经过马克·吐温的拼命工作和全家人的勤俭节省，到1898年1月底，他们最终全部还清了债务。美国各家报纸用长篇的社论赞扬马克·吐温的成就和顾全声誉的事迹，并用大号标题发表了他全部还清债务的消息。

一身轻松的马克·吐温又想起了阔别多年的祖国

和家乡，莉薇也对漂泊动荡的生活倍感辛苦和厌倦。他们决定回国。1900年10月16日，在这个阳光明媚的日子里，马克·吐温一家结束了长达9年的流浪生活，返回纽约。如潮的人流涌向码头，来欢迎这位伟大的作家和演说家，《纽约时报》用大字标题发表了这位白发老人还乡的喜讯。面对前来迎接他的记者和广大读者，马克·吐温激动地说："我只要上了岸，就要砍断两条腿，让我再也不能离开了。"

倦游归来的马克·吐温一家搬进了纽约市商业区西十路街一所租赁的房子里，没等他歇歇脚，便有许多人前来拜访，向他表达尊敬和热爱之情。

马克·吐温曾说过，坏事很少能够经得住嘲笑。他在40多年的创作生涯中，讽刺和批判邪恶，抨击一切妨碍自由的束缚，呼唤人间的公正、容忍、仁慈和诚

马克·吐温称其为"美国最无法形容的俱乐部"——世纪协会门口

→老年马克·吐温

实，始终是他的追求和创作宗旨。尤其是在19世纪八九十年代，在他创作力最为充沛的时间里，他的主要代表作品都贯穿了"自由""民主""人道"的共同主题。如果说《康州美国佬奇遇记》中的汉克·摩根是一位为自由、平等而战的斗士，并且凭借着聪明才智一度有所成就的话，那么，他通过哈克贝利·费恩和黑人吉姆的眼睛所描绘的，则是一幅更野蛮的阴森世界。在这部作品里，作者要呼吁人道，结束等级制度的热切期望被表现得更加淋漓尽致。这部举世公认的杰作在1884年和1885年美国最权威的《世纪杂志》上曾选登了部分章节。但在当时，为了不致引起上流社会的不满，作了许多修改。全书出版后，也曾几度沉浮，1906年前后，曾被布鲁克林等几家图书馆甩了出来，列为禁书。但读者的眼光毕竟是公正客观的，岁月的流沙带走了许多陈旧的往事，但这部作品却被流传下来，并受到广大读者，尤其是青少年的喜爱。正如一位叫布兰达·马修斯的评论家所说，《哈克贝利·费恩历险记》是马克·吐温的作品中最优秀的一部，它"有最深邃的洞察力和最广泛的感染力……它是一代文化的精确得惊人的写照"。

为了使自己的思想能为更多的公众所理解和接受，马克·吐温用他的幽默、夸张，用各种有效的方式向那些残害自由的专制和伪善，向一切社会流弊作斗争，捍卫"渴望呼吸自由空气"的人生追求。他曾把这种始终不渝的信念浓缩为一句话："无礼就是自由的卫士，也是它的唯一可靠的防御。"

马克·吐温《王子与贫儿》

相关链接
XIANGGUAN LIANJIE

马克·吐温给妻子的信

亲爱的，解除我们的婚约那我宁可去死。不，莉薇，如果音符能记载人们的行为，那么我们的婚约已写在了天堂里永恒的唱片上了。我们是为对方而创造出来的，即使自然的力量反对创造它的上帝，我们也不愿意分离。我们被无形的链子相互捆绑着，这条链子就像连接山脉的花岗岩那样坚不可摧，比嘲弄人类短暂的虚荣心的金字塔更持久，因为这些链子本身就是永恒的，不会死亡。

你说我们不应该解除婚约，你是正确的。否则，从此以后我的生活就将失去全部意义，因为我每时每刻都知道，我已经不可能像爱你那样去爱别的任何女人。没有爱，生活就像枯燥无味、死气沉沉的监禁生活。

要说我对埃玛感到难过，这还不确切——因为我多少能预感到，若我处于她的位置我将会多么痛苦。我能预感到一半的灾难，我不是假装的。它意味着坟墓、疯狂、裹尸布和死亡！——简言之，一切恐怖都会降临在不幸者的头上。一想到这些，我就感到似乎想拥抱你，想把你紧紧地拥抱在胸前，我知道并且感到你仍是我亲爱的人，我还没有失去你。

对埃玛我不仅仅是感到难过——我对她比过去任何时候都友好——我内疚的感觉一次又一次地告诉我，我一直都站在你和她之间，并且一直向她关闭着庇护的大门，她正在为忧虑的情绪寻找安宁，为痛苦的心灵寻找慰藉。

所有的坏消息都一起来了。特威彻尔的一个朋友也正处于不幸之中，他是一位年轻的牧师，我曾经几次在特威彻尔的家里遇到过他和他的妻子。他把她当作偶像那样崇拜和热爱，而现在她却被带走了。两年前，她曾经流产，失去孩子给她带来了肉体的痛苦和精神上的创伤，她几乎濒临死亡。上周，她又一次流产，没能逃脱死神的魔掌。这位年轻的鳏夫几乎绝望得发狂。我们俩人都会面临死亡，我的莉薇，但我们的婚约是不会死亡的。我们的婚姻——正因为它是婚姻——将属于时间和永恒。

"莉薇，莉薇，莉薇"（我爱这个名字，）我很

抱歉，我们无法送你校样。出版商和电版印刷商针锋相对，因为后者不信守惯例和合同，不提供两份校样，所以布利斯也没有希望弄到。他会试一试，但很可能遭到拒绝，而且我在页边的空白处写了那么多的诗，看来我不值得做此尝试，尤其是布利斯说他是个顽固的、脾气很坏的英国人——尽管如此，我仍打算无论如何也要尝试尝试。今天上午我已经看了50多页校样——这真是枯燥、乏味、令人恼火、单调无味。真让我难以置信，我过去与我亲爱的人一起看那些完全相同类型的校样时，我是那样爱看，并尽可能多看一会儿。可这次，我匆匆忙忙地把它们看了一遍，当我完成任务后，心里感到特别高兴。大概花了两个小时——也许还不到。我甚至还没有动笔给你那可爱动人的来信写回信（今天收到你7号和8号写的信），可我现在得停笔了，因为三点或三点半，我必须到胡克夫人家，现在已经两点过了，我还没有刮胡子呢。

我猜想哈特现在已经走了，我感到非常难过，因为，若连她都不算是管理家务的好手，那么我所做的一切判断则都是错的。她对你是如此好的一个伙伴和帮手，以至于我每次想到她时，心里都有一种感激之情。任何一个对莉薇好的人都会得到我的爱和尊敬。我会给她写信，寄到伊利诺斯州的里斯本。

莉薇，亲爱的，你一定要向你的父母转达我的爱（我告诉你，要用毫不吝惜的方式，或者用庄重有礼的华丽气派的方式），也向你的姐姐苏和西奥多问好。我爱所有这些人。

我真该死，忘了给哈蒂那只反舌鸟。

愿上帝的平和与你同在，我亲爱的，上帝的天使守护着你。

塞姆
于哈特福特，康乃狄格州

他们在1868年见面，并在一年后订婚，1870年于纽约市艾玛拉结婚。莉薇生了儿子兰顿，但兰顿在19个月时死于白喉。

1871年，马克·吐温一家迁往康乃狄格州哈特福特。在那里莉薇生了3个女儿：苏西、克拉拉和让。马克·吐温亦成为了作家威廉·迪安·豪威尔斯的好朋友。

马克·吐温是幸运的，无论在经济窘迫中，还是在政治斗争中，他的妻子和女儿们始终与他站在一起，给他支持和关心。也许正因为如此，他才写出大量的旷世之作。

桂叶满枝

正义赢得良知。

——作者题记

1900年回国以后，马克·吐温目睹了国内及欧洲、乃至整个世界范围内的许多不正常的现实，只为自己捞钱、却把持着政府部门大权的腐败政客、狭隘的宗教观念和盲目的偶像崇拜心理等，对此，马克·吐温非常反感，他公开表明自己的政治主张和看法，并通过作品表达自己的感受。

1901年，为了揭露以克罗克为首的纽约市政府官员的腐化无能，选举人民信任的纽约市长，他积极参加了纽约市民组成的联合竞选团，在橡子联谊会的宴会上，在百老汇大街的游行队伍中，都留下了马克·吐温的身影。66岁的马克·吐温用他智慧的头脑和富有吸引力的演说抨击克罗克，为竞选团推选的1901年市长候选人摇旗助威，当联合竞选团取得最后胜利时，大家都把胜利主要归功于他。

随着岁月的流逝，马克·吐温的政治洞察力更加敏锐，对美国乃至整个欧洲社会标榜的所谓自由、平等也有了更深刻的认识。他在许多场合明确地表达了自己反对殖民主义，同情被奴役、被压迫国家和人民反抗斗争的坚定立场。在美国红十字会举行的一次群众集会上，他把美国国旗比喻成"骷髅和两根交叉的白骨之下的黑白星条"，是屠杀、掠夺和海盗的旗帜。针对八国联军对中国的入侵和瓜分，在另一次演说中，马克·吐温高度评价了义和团的反帝爱国精神，他说："我的同情是在中国人民一边。欧洲掌权的盗贼长期以来野蛮地欺凌中国，我希望中国人民把所有的外国人都赶出去。"

同时，他还写下了《给坐在黑暗中的人》《使用私刑的合众国》《战争祈祷》《石化人》等许多尖锐有力的政论文、杂文，这些文章对帝国主义的侵略行为进

马克·吐温作品之一

→马克·吐温一家

行了愤怒的批判和揭露。为此，他在受到许多赞扬和肯定的同时，也遭到了许多指责和批评。幸运的是，无论是在经济窘迫中，还是在政治斗争中，他的妻子、女儿始终与他站在一起，给他以支持和关心，这"使他能像自由女神那样挺立，不因脚下遭到谴责的浪涛的冲袭而动摇"。对于马克·吐温和莉薇之间的深厚感情，我们可以从克拉拉的回忆中得到证实，也可以从他们共同生活中发生的许多事实上加以印证。在《我的父亲马克·吐温》中，克拉拉写道："每个艺术家都必须有一个相知的亲密伴侣和他共同致力于他的作品，同时从赞赏和非难中获得启发。无论多么伟大的艺术家，建设性的批评所产生的健康的指导和适当的赞美所引起的滋润作用，对他都是很有必要的，我母亲就有本事兼顾这两方面。"也许正因如此，他们夫妻之间才可能保持30多年忠贞不渝地相知、相爱、相互扶持，共同谱写一曲爱的颂歌。

1900年以后，马克·吐温一家曾试图回哈特福特家中居住，但仅仅过了一夜。莉薇触景伤情，对这个"伤心的城市"感到恐怖，因此，他们便重新择地而居，在纽约过了一个冬季。第二年夏天到了萨兰克湖，秋天又搬到了哈德逊河上的河谷山庄。在这里，马克·吐温作了一次短暂的还乡旅行，回到了他童年生活的汉尼拔小镇，访问了从前的朋友和伙伴，并在"53年前粉刷过围墙的那所老房子门口站着，照了一张相"。在河谷山庄，身体一向柔弱的莉薇开始经常卧床不起，严重的机质性心脏病和甲状腺肿侵蚀着她的生命。马克·吐温为此谢绝了纷至沓来的邀请，不再出去讲演和参加活动，利用一切可能的机会陪

←马克·吐温

→ 康州故居

伴妻子，为她讲述能使她发笑和快些恢复健康的事情。有时医生不允许他进病房，以免影响莉薇休息，他就透过窗户问候妻子，或者写一些便条，表达自己的感情和祝愿。1903年春，莉薇的病情稍稍好转后，他们回到了夸里农庄，莉薇在这里度过了最后一个夏天。根据医生的建议，一家人于这年10月带着仆人和一名经验丰富的护士到意大利佛罗伦萨去过冬季。在意大利，莉薇的病情时好时坏，一到春天，就常常发病。在她最后的6个月里，只能日夜坐在床上，用头顶着床架，艰难地呼吸。1904年6月初，马克·吐温和女儿终于在佛罗伦萨附近选了一所房子准备买下来，作为永久的家，满足莉薇渴望安定、渴望有个家的心愿。6月5日这天，马克·吐温兴致勃勃地向莉薇谈了买房安家的事，然后上楼弹起钢琴，唱起了当年苏西十分喜爱的一首黑人歌曲，莉薇在这首歌的陪伴下永远地闭上了眼睛。

莉薇走了，正如马克·吐温在《夏娃日记》中写的，莉薇走到了马克·吐温的前面，留给了他无边的孤寂和凄凉。他从此失去了生命中比自己更大、更宝贵的一部分。在陪伴莉薇回国安葬的途中，马克·吐温在回忆录里写道："在这34年中，我们一同出外航行过多次。亲爱的莉薇，现在我们正在做最后一次航行。你在地下，孤零零的；我在人间，和大家在一起，但也是孤零零的。"莉薇去世后，马克·吐温尽管在白天依旧忙着写作，他的语言依旧幽默、妙语如珠，把欢笑带到他影响所及的地方。但夜晚陪伴他的，却只

← 哈克贝里芬

有悲伤与无奈。靠着对34年婚姻生活的回忆，马克·吐温度过了一年半的时间，那些幸福的往事，那深挚、浓浓的爱与亲情，激发了他的创作热情，他常常一连好几个小时，一边听贝多芬的音乐，一边回首过去，品味沉思，这些使他写下了以莉薇为主人公的《夏娃日记》。

人民没有淡忘和冷落这位优秀的作家和无畏的斗士，人民的需要和热情，逐渐振奋了这位斗士的活力和精神，他又勇敢地投入到捍卫自由、抨击时弊的斗争中。那几年内，几乎天天都有人到他寄居的那座红砖房子访问，有人从很远的地方赶来，只为与他握握手，见他一面，各家报纸几乎天天都来要求他对各种问题发表意见和看法，邀请他发表谈话、给他写信请教的事更是应接不暇。凡是他露面的场合，总会遇上欢呼的人群，即使是在剧场、饭店，他也总是被热情的人们包围着。英国牛

→马克·吐温的女儿克拉拉

津大学授予他文学博士的荣誉称号。他的崇拜者们甚至把牛津的庆典称为"马克·吐温的庆典"。据当时《晚邮报》记载："如果马

克·吐温不能出席一个公众的集会或宴会，人们还是盼望他写一封与众不同的信，给大家提提意见，予以鼓励，使到场的人感到欣慰。如果他赐驾光临，门口就会挤满了人，那就要靠警察出面，显示他们的才能，来维护秩序了。我们身边幸好有这么一位针砭时弊的评论家，他的才智不断地发挥作用，我们当然为此而高兴。他那健全而活泼的密西西比的标准的美国气派是可以矫正一切阿谀奉承的风气的。"的确，人们尊敬、热爱他，不仅是因为他的作品带给了人们无限的欢乐和思考，还因为他抨击践踏时弊的行为的勇气。在那些缺乏自由和勇敢的国家里，人们通过马克·吐温的作品，看到了一个平等、自由的国家，把美国看成是"自由人的国度和勇士的家乡"，美国社会被抹上了一层美丽炫目的色彩。

　　早在1894年，法国曾发生一起轰动全国的"间谍

案"，一位叫德雷福斯的犹太血统的上尉军官，被莫名其妙地指控犯有"间谍罪"，受到审讯和判刑。以左拉、卢梭等为首的12位知名人士联名为德雷福斯辩护，但直到12年后，当法国的民族主义和反犹太思潮逐渐衰退后，德雷福斯才被释放。而他无罪的事实被公开承认时，德雷福斯已经71岁了。"德雷福斯案"发生时，马克·吐温一家正在法国，他一直十分关注这件事，曾于1900年前后在《哈珀杂志》发表了《关于犹太人的问题》一文，为这个"特别优秀的民族"辩护，肯定犹太民族的智慧和才能，他力图使人们明白，看一个人或一个民族是否优秀和文明，不能看他的肤色，而要看他的内心。

　　1905年，实行专制统治的俄国在日俄战争中遭到

→故居的图书馆

←『马克·吐温』号火车。

了惨重的失败，由于长期动荡和对内压迫而爆发了革命。为了支援俄国人民争取自由的斗争，美国各界开始了大规模的募捐活动，几个月时间里，就筹到了200万美元的捐款。马克·吐温等大批著名人士利用各种宴会、集会筹募经费，他还在《纽约日报》上发表了写给俄国革命领袖尼古拉斯·柴可夫斯基的信。

1906年4月初，苏联著名作家玛克西姆·高尔基在被囚禁了一年后终于获得了自由，来到纽约，受到了热烈的欢迎。高尔基与马克·吐温一起成为"美国支持俄国自由事业运动"的主要发言人。但不久，一些别有用心的人利用高尔基的婚姻问题做文章，引起美国社交界对他的冷落和责难。在这种形势下，马克·吐温不但没有因此从道义上批评高尔基，而且明确指出："他在文学方面的成就与他家里的私事毫不相

干",表达了他一生尊崇个性、自由的为人原则。

也许是爱之愈深、恨之愈切,马克·吐温对"可恶的人类"的抨击也是他一直思考的问题和创作的主题。年轻时期,他就曾遐想过1000年以后人类的生活状况,在写《哈克贝利·费恩历险记》的同年,他还在思考"关于人的问题",他认为,"在整个生物界,人是唯一的、独一无二的具有恶意的东西……恶意是一切天性,一切感情和一切毛病中最卑劣的品质——是最可恨的东西。"他的结论是,人类是外在的影响塑造出来的,他是他所受的教养和他的环境,以及他的天生的气质的产物。这些思想虽然是在他成长过程中不断清晰明确起来的,但其根源却可以追溯到童年的家庭熏陶和农庄生活。母亲的善良、宽容和慈爱,约翰姨父农庄里充满情趣的自然世界及与智慧的丹尼尔大叔等人的友谊和交往,这些都在他童稚的心灵里播下了自由、平等和爱的种子。

→马克·吐温作品之一

相关链接
XIANGGUAN LIANJIE

马克·吐温的名言

◎构成生命的主要成分，并非事实和事件，它主要的成分是思想的风暴，它一生一世都在人的脑中吹袭。

◎外国人不需要中国人，中国人也不需要外国人，在这一点上，我任何时候都是和义和团站在一起的。义和团是爱国者。他们爱自己的国家胜过爱别的民族的国家。我祝愿他们成功。义和团主张把我们赶出他们的国家。我也是义和团。因为我也主张把他们赶出我们的国家。

◎我们自己用的得意的词汇，其实绝非来自我们自己。属于我们自己的无非只是依照我们的脾气性格环境教育与社会关系而做的一些修改而已。只是这么点修改，使之区别于别人的表达方式，打下了我们特有风格的烙印，暂时算作是我们自己的东西。别的统统都是些陈年旧货，是几千年几百年以来世世代代的人说过的陈词滥调而已。

◎天下再没有什么事情像一篇动听的演说那

么具有煽动力，它可以把那些不熟悉演说的把戏和魔力的听之任之的神经器官弄得昏昏癫癫，推翻他们的信念，败坏他们的感情。

◎舆论虽有令人生畏的力量，但它是由一群无知的自鸣得意的傻瓜营造出来的。我认识几百个记者，其中大多数的个人见解并不值钱，但当他们报纸上说话时，那就成了报纸的意见，于是，他们的话也就成了震撼社会的雷鸣般的预言。

◎我的亲身经验告诉我，记者们喜欢撒谎。我本人就曾使一种绘声绘色的谎言开始在太平洋沿岸地区风行；时至今日，这种谎言仍在当地流行。

◎在没有证据形成意见的时候硬要造成一种意见，是没有意义的。倘使你造一个没有骨头的人，一眼看上去也许栩栩如生，可是软绵绵地站不起来……证据是意见的骨头。

◎我认为，我认识的每一个人都有道德，虽然我不喜欢问。我知道我有。但我宁可天天教别人道德，而不愿自己实践道德。"把道德交给别人去吧"，这是我的座右铭。把道德送完了，你就永远用不着了。

◎道德心的功能是叫人区别好坏，让人们随心所欲地挑选一样来做。可是从这里他可以得到些什么好处呢？他不断地挑选，而十有八九他倒宁可挑选坏的。世界上不应该有什么坏事情；没有了道德心，就不会再有什么坏事情。然而人是那么一种不懂道德的动物，他们没法看到：应是因为有了道德心，他们才落到生物的最底层去。谁具有了它，谁就堕落。

◎你们卑鄙的人类就是这样——老是扯谎，老是自以为具有那些实在不具备的美德，却否认那些较高等动物具有它们（其实只有它们才具备）。野兽从来没有干过一桩残酷的事情——这是有道德的动物的专利。一只野兽叫旁的东西受痛苦是出于无意的，这就没什么不对，因为对它来说，根本就没有"不对"的事情，它叫旁的东西受苦痛，并不是出于高兴——只有人才这么干。这就是受了人那种乱七八糟的道德心的鼓舞。

余 晖

欢笑如果沉重，就是一剂
醒世的良方。

———作者题记

　　1908年，72岁高龄的马克·吐温重游了英国，这
是他最后一次访问英国。此次他来，是为了接受牛津
大学授予的博士学位的。到英国时，他受到了这个国
家100多年来从未有过的隆重欢迎，全国范围内的致
敬、庆祝活动持续了一个月。51岁的肖伯纳，即《人
与超人》的作者热情地接待了他，称他是与爱伦·坡
齐名的美国两大天才作家之一。深受感动的马克·吐
温在离别英国时发表了一篇著名的演说，他把自己谦
逊地比作一个小商船船长的近亲，满怀深情地感谢人
们的盛意和赞美。英国的《伦敦论坛报》描写了他离
别时的情景："载着他离去的船很难离岸，因为他的胜
利赢得的桂叶（光荣的象征———编者注）在水面上积
得太厚了。马克·吐温确实是胜利了。他在短短的一
个月停留期间，对世界和平事业所做的贡献比海牙和

平会议所能做的贡献还要大。他又使全世界欢笑了。"

《斯托姆斐尔德船长漫游天国记》是马克·吐温出版的最后一部小说。在这部作品中，他描述了天堂。通过老水手斯托姆斐尔德船长之口讲述了他通过长途飞航之后发现的天国的情况。斯托姆斐尔德在一个叫"皮·乌特·印江"的老好人的引导下，来到了供地球上的天使进出的天堂入口，从这里进入了"一个称心如意的天堂"，这是庞大无比、到处都充满幸福，每个天使都在干力所能及的事情；只有新来的才弹竖琴、参加歌唱队、练习飞翔。地球上显赫一时的达官显贵、社会名流们在天堂按照新的等级生活，国王们被降到了一般人的地位，天堂里有各种各样的种族和宗教，有色人种的天使比白人天使多得多。这个故事闪耀着欢乐的气氛。正如德沃

← 年过七旬的马克·吐温

特指出的："他无限地引起人们的欢笑。在他的书里，笑声是一股永不停息的溪流。"然而，在欢乐的背后，却隐含着无限的悲怆，天堂的宽大、舒适和快活，正反衬了人世间的狭小、尴尬和不平，因而这种笑，便有了伤感的成分，成了一种"悲剧性的笑声"。

老年的马克·吐温，常常因支气管炎和心脏病的发作而痛苦，为了减轻心绞痛引起的剧烈咳嗽和一阵阵窒息般的疼痛，他决定到气候温和的百慕大过几个冬季。但莉薇的去世，身体状况的不佳，使马克·吐温厌倦了居无定所、到处漂泊的生活，越发渴望有个长期稳定的家，于是，他决定用《斯托姆斐尔德船长漫游天国记》一书的稿费，在雷丁建造自己的家，并把它叫作"斯托姆斐尔德山庄"。在房子设计、建造的过程中，一向好奇的马克·吐温为了给自己留下一份悬念和想象，从不过问工程的一切，也没发表过任何意见，直到房子落成后才去享受那种惊喜。随后他把哈特福特那个家里的家具搬了过来，使这个新家拥有了几分温暖的气息。

"山庄"的周围是一片荒山，十分幽静，并且离纽约不太远，正合他们一家的心意。新家落成后，克拉拉搬了回来，不久在这里结了婚，之后便与丈夫旅行去了欧洲。吉恩也结束了近一年的住院治疗，正好回

"山庄"休养。她每天早晨骑马去取信件，并帮助父亲回复其中的大部分。平时，除了与仆人凯蒂·利尔里一同操持家务，接待来客外，她还试办了一个家禽饲养场，亲自指导饲养场的工作。身体似乎比从前健壮了许多。

1909年圣诞节前两天，马克·吐温从百慕大赶回家中，准备与吉恩一同过节。12月24日，吉恩在她的起居室里忙着包扎圣诞礼物和给仆人们的赏钱，她按照每个人的爱好和心愿，精心地为父亲、邻居、朋友、仆人等准备好了圣诞礼物和贺卡。吃过晚饭后，吉恩和父亲手拉着手走进书房，高高兴兴地聊起了天，设想着新居里的安排和生活前景，9点钟，他们互道晚安

← 马克·吐温墓

后各自回房间休息。

圣诞节的早晨，当马克·吐温还在睡梦中时，他的小女儿吉恩却因劳累过度和兴奋导致羊痫疯病发作，心脏衰竭而死。在巨大的打击面前，马克·吐温痛不欲生，欲哭无泪。他在悲伤中穿过每个寂静的房间，不停地踱来踱去，"心中默默无言地感觉到自己丧失了什么永远找不回来的东西，却又非去找不可。即使是白费力气，也还是要去找"。圣诞夜里，吉恩被抬着送往艾尔迈拉安葬。马克·吐温"再也不愿意在任何亲人入土时往墓穴里望一眼了"，因而，他没有去送葬，他把自己关在屋里，不停地写，计算着送葬队伍的行程，想象着葬礼上的一切，这篇"吉恩之死"成了他最后一篇文章。

吉恩去世后，马克·吐温又孤身一人去了百慕大。3个月后，他感到了死神的召唤，他不愿意孤独地客死他乡，等待人们把他送回家。于是，他匆匆地登上回家的船，与死神展开了一场较量。在旅途中，他两天没法合眼，心脏病的发作使他喘不过气来。但他仍保持着乐观幽默的风格。回到斯托姆斐尔德山庄，他不要别人搀扶，自己下了马车，同家里人一一握手。克拉拉夫妇特意从欧洲赶回来，陪伴他度过了最后的5天。

← 马克·吐温暮年时的工作室

马克·吐温一生不相信宗教，他把死亡看作是"最宝贵的礼物"，毫无恐惧地接受了它。他说："在我像是要死去的时候，我不愿意有人延长我的生命。我只要让我舒舒服服地离去。"

1910年4月21日下午，克拉拉为弥留的父亲唱起了他喜欢的一首苏格兰民歌："啊，这真是件神秘的事情，怎么需要这么长久。"在克拉拉温柔的歌唱中，马克·吐温走向最终的解脱，走向永恒……这一年，他75岁。

成千上万的人们排着长队，来到纽约长老会砖砌的教堂里，向这位杰出的作家致敬、默哀，表达悲痛的心情，世界各地、不同民族和肤色的人们，也用自己的方式悼念他，他已经不仅仅属于美国，而是属于

全人类……

如今，一个世纪即将过去，岁月的长河无情地带走了尘沙，而金子却越发显示出自己的价值。马克·吐温这位文坛巨子，以他极富有讽刺意味的幽默语言、曲折离奇的故事和细腻生动的表现手法，为人类创作出了一大批不朽的艺术形象。一代又一代的人们汲取着他及前人创造的精神营养，在笑声里、在思考中懂得了自由、平等的珍贵，学会了爱和宽容。我们有理由相信，在这些神圣字眼的激励下，人类一定敢于并愿意挺起腰杆，捍卫自己的尊严和幸福！

正由于这一切，马克·吐温和他的作品都将获得永久的尊重。

→ 马克·吐温雕像

相关链接

XIANGGUAN LIANJIE

马克·吐温的主要创作年表

1852年5月1日《拓殖者大吃一惊的花花公子》发表于波士顿的幽默周刊《手提包》上。这是塞缪尔·克列门斯的处女作。时年17岁。

1865年11月18日纽约的《星期六邮报》发表了马克·吐温的《卡拉维拉斯郡著名的跳蛙》。它使马克·吐温在国内小有名声。

1867年4月25日查尔斯·韦勃出版了马克·吐温的第一本书《卡拉维拉斯郡著名的跳蛙和其他随笔》。

1869年7月马克·吐温的《傻子国外旅行记》出版，发行者为易里夏·勃里斯。

1872月年2月《艰难历程》由勃里斯的美国出版公司出版。

1873年12月《镀金时代》出版。马克·吐温与作家查尔斯·特德雷·华纳合作，写了《镀金时代》。华纳为其在哈特福特的邻居。发行者为美国出版公司的勃里斯。（为美国历史上的一个时代

起一个幽默而讽刺的名字，并为世人所认同，尚乏先例）

1874年夏马克·吐温开始写《汤姆·索亚历险记》，并把《镀金时代》编成剧本。

1876年1月《康涅狄克焦最近的狂欢节上的罪行纪实》在《大西洋月刊》上发表。

1876年夏马克·吐温开始写《赫克尔贝里·芬历险记》，地点在夸克农庄。

1876年10月与勃勒特·哈特合作写喜剧《阿星》。12月完成，但两人的友谊从此难以维持。

1876年12月《汤姆·索亚历险记》由勃里斯出版。

1880年3月《国外旅游记》出版。出版者为美国出版公司的勃里斯。

1881年12月《王子与贫儿》出版。出版者为波士顿的詹姆斯·勒·奥斯谷特。

1883年夏马克·吐温在夸克农庄完成了《哈克贝利·费恩历险记》的写作。《密西西比河上的生活》由奥斯谷特出版。

1885年2月18日《哈克贝利·费恩历险记》由惠勒斯特出版公司出版。

1885年1月2日惠勒斯特公司出版了《格兰特

回忆录》。

1889年12月《在亚瑟王朝的康涅狄克州的美国佬》由惠勃斯特出版公司出版。

1894年4月16日《汤姆·索亚在国外》由惠勃斯特公司出版。

1894年11月《傻瓜威尔逊》由美国出版公司出版。

1896年5月《冉·达克》由哈泼公司出版。

1896年1月1日《侦探汤姆年索亚》由哈泼公司出版。

1897年1月1日《赤道游记》由美国出版公司出版。

1901年2日《致坐在黑暗中的人》在《北美评论》上发表。（这是马克·吐温反对帝国主义在世界各地实行侵略的名篇）

1909年4月《莎士比亚死了吗？》由Harper & Brothers公司出版。

2010年11月《马克·吐温自传》由美国加州大学出版。（因为马克·吐温当时明确表示这个自传必须要在自己去世100年后才能出版，这才造成了一代文豪在去世100年后还有"新作"问世的现象。）